CIP-Brasil. Catalogação-na-Publicação
Câmara Brasileira do Livro, SP

Confúcio, apr. 551-479 A.C.
C759d Diálogos de Confúcio ; [traduzido do chinês para o francês por Anne Cheng ; tradução para o português de Alcione Soares Ferreira]. -- São Paulo : IBRASA, 1983.

1. Confucionismo 2. Ética confucionista 3. Filosofia confucionista I. Cheng, Anne. II. Ferreira, Alcione Soares. III. Título.

83-0049 CDD-181.09512

Índices para catálogo sistemático:

1. Confúcio : Ética : Filosofia 181.09512
2. Confucionismo : Filosofia 181.09512
3. Ética confucionista : Filosofia 181.09512
4. Filosofia confucionista 181.09512

Diálogos de Confúcio

Coleção "GNOSE" – 12

Volumes publicados:

1. *A Bíblia Estava Certa*	Hugh J. Schonfield
2. *O Ensino dos Mahatmas (Teosofia)*	Alberto Lyra
3. *Fenômenos Ocultos*	Zsolt Aradi
4. *As Grandes Religiões*	Félicien Challaye
5. *Mistérios Cósmicos do Universo*	Adrian V. Clark
6. *O Poder da Meditação Transcendental*	Anthony Norvell
7. *O Poder das Forças Ocultas*	Anthony Norvell
8. *As Sociedades Secretas*	Herman e George Schreiber
9. *A Evolução Divina da Esfinge ao Cristo*	Édouard Schuré
10. *A Sugestão Mental*	J. Ochorowicz

Observação: As notas de pé de página precedidas de algarismo arábico são da tradutora francesa Anne Cheng. As notas da tradutora brasileira são precedidas de asteriscos e terminam com a anotação N.T. entre parênteses.

DIÁLOGOS DE CONFÚCIO

IBRASA
INSTITUIÇÃO BRASILEIRA DE DIFUSÃO CULTURAL S.A.
SÃO PAULO

Título do original francês:

LES ENTRETIENS DE CONFUCIUS

Traduzido do chinês para
o francês por ANNE CHENG

Tradução para o português de
ALCIONE SOARES FERREIRA

Capa de Carlos Cézar

IBRASA
INSTITUIÇÃO BRASILEIRA DE DIFUSÃO CULTURAL S.A.
R. Vinte e Um de Abril, 97 - Tel. 93-9524
03047 - SÃO PAULO

1983

IMPRESSO NO BRASIL – PRINTED IN BRAZIL

Quadro Cronológico

(Cronologia chinesa tradicional)

2900 – 2205 AC	Época dos soberanos míticos 2356: Yao 2255: Shun
2205 – 1767 AC	Dinastia Xia, fundada por Yu, o Grande
1766 – 1122 AC	Dinastia Shang (ou Yin), fundada por Cheng Tang
1121 – 256 AC	Dinastia Zhou, fundada pelos reis Wen e Wu 1121-770 Zhou Ocidental 769-256 Zhou Oriental (deslocamento da capital para o leste) 722-481 Época das "Primaveras e Outonos" 453-221 Reinos Combatentes
221 – 206 AC	Qin, fundação do Império
206 AC – 220 DC	Han
220 – 265	Três Reinos
265 – 420	Jin
420 – 581	Dinastias do Sul e do Norte
581 – 618	Sui
618 – 907	Tang
907 – 960	Cinco Dinastias
960 – 1278	Song
1279 – 1368	Yuan (Mongóis)
1368 – 1644	Ming
1644 – 1911	Qing (Manchus)
1911	República

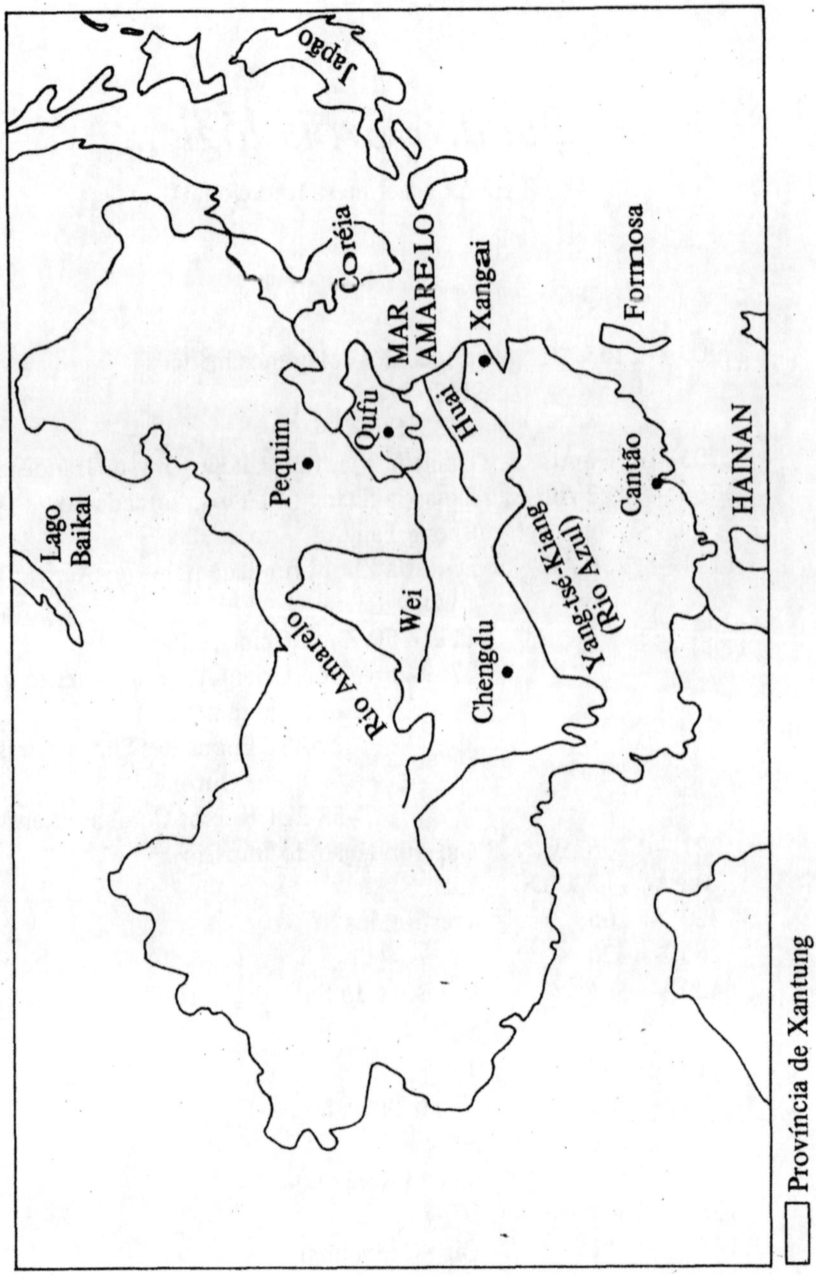

A China atual

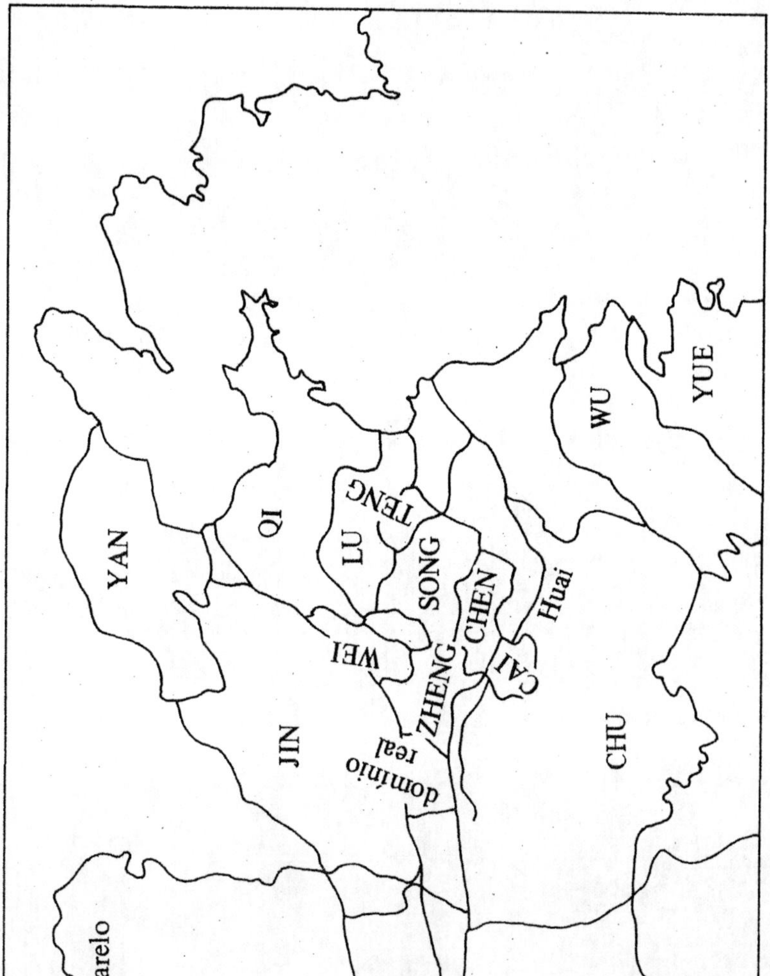

A China das "Primaveras e Outonos" (722 – 481 A.C.)

Sumário

Introdução

Confúcio nasceu há mais de dois mil e quinhentos anos, em Kufu[1], na península do Shandong, no leste da China. Hoje, em Kufu, erguem-se árvores seculares, altas e regulares, símbolos de equilíbrio e continuidade. No entanto, que figura foi jamais mais controvertida, mais deformada, mais utilizada, talhada em mármore, mas sempre renascente?

Não tem esta introdução por objetivo nem traçar uma história, nem fazer uma apologia de Confúcio ou do Confucionismo, senão fazer justiça a um texto cujo espírito foi com muita freqüência adulterado, em virtude de citações prematuras e mal compreendidas. É verdade que a forma dos *Diálogos,* série de aforismos freqüentemente isolados do contexto original, a tal bastante se presta. Em separado, interpretam-se de bom grado à luz de um confucionismo dogmático, triunfante, bem posterior ao próprio Confúcio, pois que não se tornou doutrina oficial, ortodoxia de Estado posta ao serviço da estabilidade dinástica, senão sob o domínio dos Han, quatro séculos após a morte do Mestre. Foi nessa época que a Doutrina foi primeira vez apresentada na Europa, nos séculos XVII e XVIII, pelos jesuítas, que latinizaram o nome chinês Kongzi ou Kongfuzi (literalmente: Mestre Kong) para Confúcio.

1. Adotamos a transcrição denominada "pinyin", a mais usada atualmente.

Os Diálogos

"Cada época com seu Confúcio". Como todos os grandes pensamentos, o de Confúcio tem sido utilizado e manuseado segundo as necessidades do momento. Nessa perspectiva, pode-se dizer que o Confúcio dos *Diálogos* é, dentro dos limites dos textos que conhecemos, senão o mais autêntico, pelo menos o mais antigo, em termos de data. Diversas passagens atestam que se trata de uma compilação realizada muito depois da morte do Mestre, não exatamente por seus discípulos diretos, mas pelos próprios discípulos destes, ou discípulos tardios. Parece, ademais, impossível estabelecer-se com certeza a data de composição, de vez que os vinte livros que compõem a versão atual são de épocas e de fontes extremamente diversas. Para prová-lo, apresentaremos apenas o livro XVIII, bem como certos trechos dos livros XIV e XVII, manifestamente de composição tardia e mesmo de inspiração hostil a Confúcio. Além do mais, havia já no período dos Han três versões diferentes e concorrentes do texto. A que chegou até nós é uma síntese que data do século III da nossa era. A despeito do caráter heteróclito dos *Diálogos,* consideram-se em geral os nove primeiros livros como formando um corpo relativamente original, ao qual foram posteriormente acrescentados os seis seguintes. Quanto aos cinco últimos livros, seriam de composição nitidamente tardia (entre fins do século III e começo do século II A.C.). Os títulos dos livros não se encontram no texto, mas visam a sugerir os temas principais.

Quem é, pois, o Confúcio que transparece nos *Diálogos*? Não é o Sábio, o Profeta, e até o Santo que se tornará, na legenda e na ortodoxia oficial, mas primeiro um homem, de quem conhecemos o gosto pela música (VII, 13 e 31), os momentos de desespero (XI, 9), ou de exasperação (XIV, 46) e mesmo o humor, forma atenuada da ironia sarcástica (V, 11; IX, 2; XIV, 31). A lenda, que teve em Mêncio seu principal iniciador, atribui-lhe características excepcionais, uma vida de glória e de poder, um número exagerado de discípulos. Ora, nos *Diálogos,* ele nos aparece antes de mais nada como educador, cercado de um pequeno número de discípulos fiéis. A "Escola Confuciana" deve ter começado como um grupo de amigos que gostavam de debater em conjunto questões de seu tempo, a maior parte deles estando ativamente engajados na vida política de seu país.

São esses discípulos que, pela diversidade de personalidades (XI, 23), de preocupações e de origens sociais, conferem ao diálogo vida e frescor. Quanto à aparência física, o mais alto deles é Zili, sólido robusto, dotado da rudeza e da língua franca de um soldado. Não hesita ele em repreender o Mestre que, ao contrário, sempre lhe censura o arrebatamento. Zili[2] tem seu oposto na pessoa de Ran Kiu, político, diplomata, condescendente e conciliador; em suma, excelente administrador e mesmo general competente. A real sedução se manifesta em Zigong, um desses homens favorecidos pela sorte e pelos dons dos Céus: fortuna material, desembaraço em sociedade, eloqüência e inegáveis talentos políticos. Mas é Yan Hui que, malgrado sua pobreza e origem humilde, continua a ser o discípulo mais célebre, por ser o mais jovem e o mais amado de Confúcio, que o estimava por sua virtude e inteligência, e chorou-lhe amargamente a morte prematura (XI, 8 e 9). Uma segunda vaga de discípulos, presente sobretudo no livro XIX, encarrega-se de transmitir o ensinamento do Mestre: Ziu, Zizang, Zixia, bem como "Mestre Yu" e "Mestre Zeng" disputam a prerrogativa de deter a doutrina autêntica (XIX, 3 e 12).

---

2. Contrariamente ao costume chinês de chamar uma pessoa, alternadamente, pelo seu sobrenome, pelo nome usual e pelo nome oficial, optamos por designar os discípulos pela designação mais freqüente.

A China de Confúcio

A vida de Confúcio, abstração feita da hagiografia de que foi objeto, e tendo-se em conta o pouco que dela sabemos, caracteriza-se pela ausência do dramático: nem apoteose nem martírio. Ela se nos mostra sobretudo como a história de um revés, o revés de um homem que, segundo testemunho dele próprio, nascido em circunstâncias modestas (IX, 6), assim permaneceu, segundo todas as evidências, durante toda a vida (XI, 7). Confúcio alimentava algumas grandes ambições políticas, mas, contrariamente à lenda, jamais chegou a realizá-las. A maior parte de seus discípulos bem depressa logrou impor-se, enquanto que ele próprio permaneceu um teórico e um professor.

Mais importante para a leitura dos *Diálogos* é a compreensão da China na qual ele viveu e da qual participou. Nasceu no país de Li, em 551 A.C., vindo a morrer no ano de 479 A.C., na idade de setenta e dois anos (estas são, pelo menos, as datas tradicionalmente guardadas), na chamada China das "Primaveras e Outonos", contemporânea da Grécia dos pré-socráticos e precursora dos Reinos Combatentes dos séculos IV e III A.C.. A imagem corrente de Confúcio é a de moralizador que prodigalizava condescendentemente seus conselhos aos soberanos. É preciso, todavia, compreender que o que ele tentava fazer era colocar alguns princípios num mundo em caos.

No princípio era a ordem. É a esse começo que precisamos remontar, aos tempos dos Sábios Reis da mitologia: Yao, Shun e Yi, aos quais Confúcio rende homenagem nos três últimos parágrafos do livro VIII. São estes os pais fundadores da cultura chinesa, e de certa forma da ordem política. Confúcio refere-se a Yao e a Shun, em princípio, como exemplos de soberanos humildes e desinteressados, tão pouco ávidos de poder que estavam prontos a cedê-lo (em chinês 讓 *rang*) a quem quer que se lhes mostrasse superior. Quando a Yi, teria ele instituído o princípio da sucessão hereditária, ao fundar a primeira dinastia da história chinesa, ainda meio legendária, a dos Xia. Ele, igualmente, teria pela primeira vez secado as terras, permitindo assim o desenvolvimento da agricultura (XIV, 6)*

Vêm depois os fundadores das dinastias "históricas". Primeiro Cheng Tang, fundador dos Shang (ou Yan), cujos descendentes, ao tempo de Confúcio, estavam estabelecidos no país de Song e aí perpetuavam as tradições da dinastia deposta (III, 9). Embora Cheng Tang não seja mencionado senão uma vez nos *Diálogos* (XII, 22), é sobretudo aos fundadores da dinastia seguinte, a dos Zu (1121-256 A.C.), que Confúcio se refere como soberanos de um governo ideal: o rei Wen, ancestral da dinastia e de uma tradição refinada de cultura e civilização (IX, 5); e o rei Wu, seu filho, que, ao conquistar o norte da China, destronou o último soberano dos Shang-Yin. Essa tomada do poder pela força, ao contrário da cessão do trono (*rang*) por Yao e Shun (III, 25), insere-se na origem da famosa teoria do Mandato Celeste (XX, 1)**, que propunha uma nova interpretação da história antiga. As dinastias Xia e Shang-Yin haviam, no início, conhecido excelentes soberanos, verdadeiros "Filhos do Céu", mas acabaram por cair na tirania (XVIII, 1). Era também legítimo destituir de seu "Mandato" a

---

* Trata-se de uma recorrência do tema do Dilúvio, com ligeiras variantes da versão grega e hebraica. Na mitologia chinesa, como em quase todas as outras mitologias conhecidas, o tema do Dilúvio – que ocorre inclusive entre povos ameríndios e africanos – dá ensejo ao aparecimento do herói civilizador, o qual, de modo geral, introduz ou a metalurgia ou a agricultura, ou ambas. (N.T.)

** A teoria do "Mandato Celeste" insere-se, na história da Teoria Política, na origem mesma de qualquer idéia humana de organização política. Das mais arcaicas culturas conhecidas, no Neolítico superior, passando pelo Egito, império Assírio-Babilônico, a China de Confúcio, a Roma Imperial e os impérios da Idade Média-Renascença, onde foi culminar com Maquiavel, que lhe deu corpo e foros de teoria política. Entrará em declínio, no Ocidente, com a Revolução Francesa, que exatamente se insurgiria contra a idéia do Mandato Divino do Príncipe. Mas ainda em nossos dias, encontra-se em pleno vigor entre culturas ditas primitivas, e mesmo em países econômica e politicamente importantes, como os de cultura muçulmana e outros da Ásia e África. (N.T.)

dinastia que se havia tornado indigna, estabelecendo-se uma nova, conforme o Decreto Celeste. E, de fato, é ao irmão caçula do rei Wu, o duque Dan de Zu, que Confúcio vota a maior admiração (VII, 5) e a quem atribui o nascimento da linhagem do país de Lu (XIII, 7). O duque de Zu teria sido o instaurador da estrutura feudal, estabelecendo um sistema de sucessão clânica, segundo o qual a herança passava ao filho mais velho da esposa principal, tornando-se os filhos mais jovens ou nascidos de concubinas chefes de clãs anexos. A estrutura política desdobrava-se, assim, de uma estrutura familiar, os duques vassalos do rei Zu sendo ao mesmo tempo chefes de ramos mais jovens da família real. Este sistema devia fixar por muito tempo nos espíritos a concepção do Estado como uma grande família.

A decadência dos Zu começou dois séculos antes do nascimento de Confúcio, quando uma coalizão de vassalos rebeldes e tribos bárbaras os obrigou a deslocar sua capital para leste. Desde então, a autoridade dos reis Zu não parou de diminuir, em proveito dos vassalos mais poderosos. Nessa China de países vassalos, dita das Primaveras e Outonos, segundo o título dos Anais que relatam os fatos, é possível ditinguir dois grupos (ver mapa nº 2): os pequenos Estados do centro, próximos do berço da cultura chinesa, tais como Wei e Lu, pátria de Confúcio (XIII, 7), propensa a cantar a paz e os refinamentos da civilização, enquanto que os grandes Estados periféricos, em constante luta com as tribos bárbaras, formam-se na guerra e preconizam uma disciplina militar no governo. Citemos o Estado de Qi, irmão inimigo do de Lu (VI, 22), bem como o Estado de Qin, destinado a tornar-se o fundador do primeiro império chinês.

Paralelamente à decadência do poder central, desenvolve-se um cinismo político que desdenha qualquer crença religiosa e todo o senso ético. A evolução interna, em cada país, imita a degradação da estrutura feudal: assim como os vassalos tendem a usurpar o poder real, as grandes famílias, iguais em número aos países vassalos, apoderam-se do exercício do poder ducal. Assim é que, em Lu, durante o século que precede o nascimento de Confúcio, a realidade do poder cai progressivamente nas mãos de três famílias, que descendem de três filhos do duque Huan, o qual reinara de 711 A.C. a 694 A.C.: Meng, Shu, e principalmente Ji, cujos chefes se sucedem no cargo de Primeiro-Ministro. Dez anos antes do nascimento de Confúcio, as Três Famílias se apropriam dos lucros e tropas do duque de Lu, não lhe deixando senão as suas prerrogativas rituais (XVI, 2 e 3). Confúcio tem quinze anos quando os Ji se apoderam da quase totalidade do poder, a expensas do duque e das duas outras famílias. Vinte anos mais tarde, o duque Zhao tenta reagir, ensaiando matar o chefe dos Ji, mas sem sucesso; em conseqüência, acompanhado de parte da Corte, ele tem de se refugiar em Qi (XVIII, 9), onde morre no exílio. Ao mesmo tempo, o processo de usurpação desce mais baixo na hierarquia, visto que os grandes ministros devem, por sua vez, enfrentar a ambição de seus próprios intendentes. Não raro, o governador de uma cidade ou cidadela, na fronteira principalmente, declara-se insurrecto. Confúcio tem quase cinqüenta anos quando Yang Hu (ou Yang Huo, cf. XVII, 1 e 5), intendente geral do clã Ji, volta-se contra seu chefe Ji Huanzi, aprisiona-o e o reduz à submissão. Mas sua tentativa de tomar o poder fracassa, e Ji Kangzi pode suceder a seu pai como Primeiro-Ministro do duque Ai.

É nessa fragmentação e desordem políticas que é preciso recolocar as principais preocupações de Confúcio, e, em particular, sua insistência sobre a perda do Mandato Celeste, a perda do Caminho. O Caminho (道 *dao*) é uma noção freqüentemente encontrável nos textos antigos, e bem conhecida dos leitores ocidentais sob o aspecto de que se reveste no taoísmo. O termo comporta o sentido literal de rota, de caminho, e, como em francês, o sentido figurado de método, princípio. Faz-se necessário, pois, distinguir o Caminho dos taoístas daquele dos confucionistas. Para os primeiros, o Caminho é, muito resumidamente, a grande comunhão que reinava na Origem entre os seres e as coisas, e que se trata de reencontrar. Nos *Diálogos,* o Caminho designa mais especificamente o Caminho dos Antigos, ou seja, dos Sábios

Reis da antigüidade, a "Via de Wen e Wu", que é o tema em XIX, 22. Esse Caminho está na fonte do ensino de Confúcio (VII, 1 e 19), e teremos mais adiante ocasião de desenvolver as modalidades. Basta, por ora, dizer que, em Confúcio, mostra-se tão necessário passar pelo Caminho, para reencontrar um equilíbrio político viável, quanto passar pela porta para sair de uma casa (VI, 15). Do mesmo modo, sente-se ele incumbido de uma missão essencial, a de "despertar o mundo como um gongo" (III, 24), e de fazê-lo reencontrar o Caminho perdido. Esta missão lhe é confiada pelo próprio Céu, essa autoridade impessoal mas onipresente, que rege o curso das coisas e a vida dos homens (XIV, 37 e 38), e que o protege de todo o medo, inclusive o da morte (VII, 22 e IX, 5). Assim também, o Céu confuciano, longe de corresponder à definição que se lhe dá no Ocidente, não é em verdade senão o penhor do bom andamente do *dao*.

Confúcio não se reduz a um pregador que não conseguiu engajar-se na vida política. A tradição quer que ele tenha exercido a função de ministro da Justiça em Lu, mas nada permite supor um cargo tão elevado, contentando-se o próprio Confúcio em dizer: "Integrei a comitiva de grandes ministros" (XI, 7 e XIV, 22). Rebaixado por Lu, resolve, com quase sessenta anos, ir tentar a sorte alhures, acompanhado de alguns discípulos. Seu périplo, que durou mais de dez anos, levou-o de país em país: Qi, Wei, Song, Chen, Cai. Encontrou, por toda parte, o mesmo insucesso, e foram inúmeros os seus momentos de desânimo (V, 6; VII, 5; IX, 8 e 13). É com quase setenta anos que ele retorna a Lu e se dedica ao ensino até morrer, o que aconteceria alguns anos mais tarde.

O Confucionismo é um Humanismo

O pensamento de Confúcio modela um ideal do homem, e de homem somente. É nessa medida que se pôde falar de seu "agnosticismo" e de sua ética essencialmente fundada sobre a afirmação dos valores humanos. Sua resposta a um discípulo que lhe pergunta como servir aos espíritos é, a esse respeito, característica: "Enquanto não soubermos servir aos homens, como poderemos servir aos manes?... Enquanto não soubermos o que é a vida, como poderemos saber o que é a morte?" (XI, 11; cf. também VI, 20 e VII, 20).

O ensino de Confúcio é pois, por natureza, "engajado", centrado num ideal prático, pode-se mesmo precisar: exclusivamente político; para disto nos convencermos, basta constatar o número de parágrafos consagrados à arte de governar. Mas esta preocupação de político é indissociável de uma certa concepção do homem e de sua natureza ética. Para Confúcio, ao contrário dos Jurisconsultos – veremos mais adiante – o político não é uma questão de técnica; encontra seu fundamento nos homens dotados de exigências morais.

O ideal proposto por Confúcio é o de "homem de bem". Tal é, pelo menos, a tradução que adotamos do termo chinês 君子 *jun-zi,* que, em sua origem, significava literalmente "filhos do soberano", e, por extensão, descendente de uma família nobre. O *jun-zi* define-se por oposição ao 小人 *xiao-ren,* o homem de pequena envergadura, a reles criatura: distinção social na origem, mas que recebe pela primeira vez, nos *Diálogos,* lugar central e significação essencialmente moral. Além da educação e das boas maneiras exigidas de um descendente da nobreza, o *jun-zi* deve, antes de tudo, receber uma formação moral, condição sine qua non de sua capacidade de tomar parte no governo. O *jun-zi* está, realmente, inteiramente voltado à busca de um Bem Soberano, que deve vir antes do aprendizado de qualquer "especialização". Seu papel tampouco é o de se distinguir por suas competências profissionais, ser "um utensílio, destinado a um único uso" (II, 12; cf. também V, 3 e IX, 6). Eis por que preferimos traduzir *jun-zi* por "homem de bem", aguardando a tradução mais corrente de "cavalheiro" para uma categoria um pouquinho inferior, a dos *shi*.

Os 士 *shi*, sob os Zu, achavam-se principalmente a serviço das grandes famílias. A maior parte deles recebia uma formação bastante completa, ao mesmo tempo de guerreiros e de eruditos, própria de cavalheiros decididos a colocar suas aptidões a serviço de um superior. Formavam assim uma categoria intermediária entre governantes e governados, que devia, em conseqüência, constituir um fator considerável de mobilidade social e inserir-se na origem da "gentry"* chinesa. Da mesma forma que os *jun-zi*, a categoria dos *shi* tendeu a tomar uma coloração mais fortemente moral que social no ensino de Confúcio, que, sem dúvida, foi, ele mesmo, o mais eminente representante dos *shi*, tendo deixado neles a marca de seu próprio código ético.

O homem de bem, e, em menor medida, o cavalheiro, devem contribuir para a realização do Soberano Bem, que é o *ren*. Para esta noção particular, preferimos conservar o termo chinês, a fim de lhe conservar a especificidade. Esta é, em verdade, a palavra-chave da ética confuciana. O *ren* é uma virtude de humanidade, compondo-se o caractere chinês 仁 dos dois elementos 人 homem e 二 dois. Não designa, pois, um Bem abstrato, absoluto, mas o bem que um homem pode fazer a outro. Todavia, uma virtude de humanidade tão rara, que Confúcio não julga qualquer homem, à exceção dos que fazem parte da lenda, como digno desta qualificação. Em conseqüência, uma tal noção não poderia ser apreendida senão como a manifestação de todas as qualidades humanas desenvolvidas num grau supremo. Em lugar algum, nos *Diálogos* de Confúcio, se dá uma definição completa, mas ele aborda esse Conceito, de cada vez sob um diferente aspecto ou um ângulo diverso, permitindo-nos analisar um componente.

O parágrafo XV, 23, nos dá uma abordagem negativa, sob o nome de "mansuetude": "O que não quiseres que te façam, não o inflijas aos outros"**. A mesma idéia é retomada de forma mais positiva, em VI, 28: "Praticar o *ren* é começar por si mesmo: querer

---

* "Gentry" = Em inglês no original. "Gentry" é, em língua inglesa, a classe social dos bem-nascidos não detentores de título de nobreza, ou seja, o segmento que vem logo abaixo da nobreza, num escalonamento de cima para baixo. (N.T.)

**O espírito e a forma do aforismo confuciano são quase idênticos aos de Cristo: ". . . E aquilo que quereis que vos façam a vós, fazei-o vós mesmos ao vosso irmão. . ." (N.T.)

demonstrar aos outros o que se quer afirmar a si próprio é desejar a aprovação deles tanto quanto se deseja a sua própria. Busca em ti a idéia daquilo que podes fazer pelos outros – eis o que te porá no caminho do *ren!*" Tal é, em suma, o sentido da resposta de Confúcio a Fan Chi, que lhe pergunta o que é o *ren*: "É amar aos homens." (XII, 22). Essa mansuetude, essa humanidade, pode e deve ser aplicada à dimensão política. A Zilu, que lhe pergunta o que fazer para tornar-se um homem de bem, responde Confúcio: "Cultivar em si a capacidade de confortar os outros. . . Cultivar em si a força de dar ao povo paz e consolação" (XIV, 45).

Compreende-se então que os componentes do *ren* sejam de natureza relacional. Eles põem em questão as grandes relações do homem confuciano: com os pais, com o soberano, com os amigos. A piedade filial 孝 *xiao* pode ser considerada, no seio de uma concepção do Estado sobre o modelo de uma grande família, como o cimento do intercâmbio social e hierárquico. O ministro não está para o soberano como o filho está para o pai (XII, 11)? E não é verdade que, "Entre os Quatro Mares, todos os homens são irmãos" (XII, 5)? Uma das principais características do pensamento confuciano é essa preponderância outorgada à piedade filial, que constitui, já, uma atitude política: "Ser bom filho, ser simplesmente bom filho e bom irmão, é, já, tomar parte no governo" (II, 21). Atitude que visa a garantir a estabilidade hierárquica: "Raros são os que, exemplares no respeito a seus pais e aos mais velhos, tendem a mostrar-se contra os superiores, e, com mais razão, a fomentar rebeliões. . . Piedade filial e respeito aos mais velhos não são, pois, a própria raiz do *ren?* (I, 2).

Entram igualmente na composição do *ren* duas virtudes de honestidade: 忠 *zhong* (composto de 心 coração e de 中 meio), a lealdade a si mesmo e aos outros, e, em particular, ao soberano; e 信 *xin* (composto de 人 homem e de 言 palavra), a fidelidade à palavra dada, que torna um homem digno de confiança. É também o *xin* que faz o homem de bem envergonhar-se de "ver suas palavras excederem suas ações" (cf. por exemplo XIV, 29).

O homem de bem deve, enfim, possuir duas qualidades sem as quais não saberá assumir responsabilidades políticas: discernimento 智 *zhi* e coragem 勇 *yong*. Sem discernimento, não pode tomar decisões judiciosas, nem sondar o caráter dos homens que escolheu para ajudá-lo. Quanto à coragem, é uma arma de dois gumes, que, embora necessária, deve ser temperada pelas outras virtudes.

Moral e Política

Acabamos de esboçar o retrato moral do homem confuciano, constatando repetidas vezes que os preceitos da moral individual orientam já a atitude política. Mas, como e em que moral e política se ligam elas na prática? O primeiro axioma do humanismo confuciano é a confiança que ele deposita na educação como fator de melhoramento constante, fé ainda hoje solidamente arraigada na China contemporânea. "Estudar" é a primeira palavra dos *Diálogos* (I, 1) e, daí por diante, deve ser entendida num sentido prático. É muito freqüentemente sinônimo de "ver fazer", "ouvir dizer" (cf. por exemplo II, 18 e VII, 27), ou seja, de aprender por experiência. Da mesma forma, o estudo livresco não entra em cena senão para fins práticos: "Tu podes, dizes, recitar de cor as trezentas Odes? Mas imagina que, empenhado numa função, não estejas à altura, ou que, enviado ao estrangeiro em missão, não saibas responder por tua própria iniciativa: de que te servirá toda a tua literatura?" (XIII, 5)*. Pode haver maior clareza? O próprio Confúcio era certamente um homem culto, versado nos textos

---

* Um dos axiomas socráticos, no século V A.C., que se constituiu numa das bases do ensino de Sócrates, era, exatamente: Só há verdadeira beleza onde há utilidade. De maneira muito semelhante a Confúcio, Sócrates, cuja vida e obra marcaram-se entre outras coisas pela sua denodada oposição à escola sofística – a qual apregoava a primazia da eloqüência sobre o conteúdo – pregava incessantemente a obrigatoriedade de um caráter ético (político e moral) e pragmático na Educação. (N.T.)

antigos (VII, 32). A tradição lhe atribui a redação, ou a compilação, de todos os clássicos: *Livro das Odes* (I, 15), *Livro das Mutações* (VII, 16), *Livro dos Documentos* (II, 21), *Livro dos Ritos e Anais das Primaveras e Outonos.* Certo ou errado, é sempre ele que faz freqüentes citações; de cada vez, porém, com vistas a ilustrar um ponto de comportamento ético ou político, sem levar escrupulosamente em conta o contexto (III, 8; IX, 30). Para aumentar a eficácia de seu ensino, ele tem o cuidado de não se curvar em função do interlocutor. Vemo-lo, seguidamente, responder de maneiras diversas a uma mesma questão, segundo o discípulo que o interroga (II, 5s.; XII, I s.).

A educação é diretamente orientada para as responsabilidades políticas (XIX, 13) e assim continuará ao longo de toda a história chinesa, em virtude do recrutamento de funcionários para exames. Mas, em Confúcio, ela adquire uma dimensão mais ampla, tornando-se o método orientador da arte de governar. O grande Educador é o soberano, cujos deveres são, coincidentemente, assim descritos no parágrafos XII, 7; XIII, 9, 29 e 30: assegurar ao povo o bem-estar material, proteção militar, mas principalmente a educação, que é o próprio fundamento da ordem política. É aqui que entra em cena a interpretação de 政 *zheng* "governar" por 正 *zheng* "corrigir", "retidão", inserida no parágrafo XII, 17, âmago do pensamento político de Confúcio. Um soberano não pode governar se não for ele mesmo reto, digno de ser exemplo e norma para seus súditos: "O soberano encarna a retidão? Ninguém precisa de suas ordens para que tudo vá bem. Se ele mesmo não encarnar a retidão, multiplicará as ordens sem que lhe obedeçam" (XIII, 6). "O homem formado na retidão, que dificuldade terá em governar? Quanto ao homem incapaz de retidão, como pretenderá endireitar os outros?" (XIII, 13)*.

---

* Mais uma vez, o ensinamento de Confúcio muito se assemelha, em conteúdo e forma, à exortação de Cristo: "E como dirás tu – Irmão, deixa-me tirar o argueiro de teu olho – se o teu próprio olho está tapado? Tira antes o argueiro de teu próprio olho. . .", etc. (N.T.)

É essa retidão, essa exemplaridade na própria pessoa de soberano, que lhe permite impor-se como tal, que justifica seu poder e sua autoridade, e que faz seu 德 *de*. Esta palavra corresponde com bastante exatidão ao latim *virtus*, quer dizer, ao coração, à energia que reside em qualquer um. Nos *Diálogos*, raramente tem o sentido estreito de "virtude" em oposição a "vício", mas servirá, antes, para ser definida por oposição a 力 *li*, a força física[3] (XIV, 6 e 36). Se utilizamos na tradução a palavra "virtude", fizemo-lo conservando-lhe o sentido etimológico. O *de* é a autoridade, o poder moral que o homem de bem ou o bom soberano detêm e que força à admiração e à submissão. "A virtude do homem de bem é poderosa como o vento, e a do homem vulgar é frágil como a erva, que, sob o vento, se dobra e se estende no chão" (XII, 19). Ela se impõe tão naturalmente que o soberano não tem necessidade de multiplicar ordens e medidas para bem governar (XV, 4). Ainda uma vez, para Confúcio, a política não é questão de técnica. "Aquele que governa pela Virtude é comparável à estrela polar, imutável em seu eixo, mas centro de atração de todos os planetas" (II, 1).

O que acabamos de descrever não é outro senão o Caminho dos Antigos, a Via de Wen e de Wu, anteriormente mencionada, a do Bom Soberano. Ao papel principal do soberano, sem embargo, há que se acrescentar, para que se realize o governo ideal, o papel não menos importante do ritual, de *li*. Fecho da abóbada do edifício social e marco supremo de civilização, o ritual instituído pelos fundadores dos Zhu permanecerá, mais que um conjunto de considerações de ordem étnica, o critério de distinção entre "bárbaros" e "civilizados". O caractere chinês 禮 *li* esquematiza um vaso sacrificial contendo objetos preciosos destinados aos espíritos, e, por extensão, designa o ritual do sacrifício oferecido

3. Não se deve confundir com o *li* 禮, o ritual, do qual se tratará no parágrafo seguinte.

pelo soberano ou seus vassalos aos manes de seus ancestrais. Ritual acompanhado de música, pantomimas e danças que, longe de serem concebidas como pura diversão, associam-se intimamente ao próprio ritual como suas principais manifestações exteriores. Esse ritual vem assinalar todas as atividades humanas que se decidem ou se desenrolam em grande parte no templo dos ancestrais (casamentos, negociações diplomáticas, expedições militares, etc.). Daí provém a idéia de que do rigoroso cumprimento dos ritos reais dependem a boa condução do Estado, a fertilidade dos campos, a paz e ventura do povo.

Ora, no tempo de Confúcio, a dinastia Zhu não detinha mais do que um poder nominal, e os ritos reais tinham perdido totalmente seu sentido primeiro, parodiados que eram nos países vassalos (ver o começo do livro III). O empenho de Confúcio, para retornar ao espírito autêntico do ritual, não é tanto, como freqüentemente se diz, reflexo do conservador, ou até do reacionário, senão a tentativa de reencontrar um forma de equilíbrio social. O ritual desempenha, no bom funcionamento do governo, um papel fundamental* (IV, 13), já que canaliza as energias e instintos individuais em comportamentos aceitáveis, orientando e facilitando as relações políticas e sociais. Avalie-se também a injustiça do preconceito segundo o qual Confúcio é colocado como um "ritualista". É o espírito do ritual, não a sua letra, que ele tenta reencontrar.

---

* Freud foi o primeiro estudioso moderno a examinar em profundidade este tema, conceitualizando de maneira científica a função e lugar do rito e do mito na psique individual e coletiva. Depois dele, Yung e Adler também se dedicaram mais extensamente à matéria. E hoje a moderna Ciência Social já compreende o assunto em profundidade. A sublimação dos ritos primitivos assinala um momento importante na história de todas as culturas, por exemplo, por substituir, em certas sociedades, o sacrifício humano pelo seu equivalente sublimado. Além disso, o ritual revela-se, até contemporaneamente, como fator excepcional de coalizão social e distensionamento individual e coletivo. (N.T.)

Longe de preconizar uma adesão cega, dogmática, a uma forma qualquer de etiqueta ou de regras arbitrárias, confere toda a sua importância à experiência e ao julgamento de cada um. O 義 *yi* é este sentido do Justo, essa capacidade de julgar por si mesmo sobre o que é justo e prudente fazer em tais ou tais circunstâncias. "Nos negócios do mundo, o homem de bem não tem uma atitude rígida de recusa ou de aceitação. O Justo é sua regra" (IV, 10). "Jamais sou incondicional sobre o que é possível ou impossível fazer-se" (XVIII, 8). Um espírito ocidental não deixa de se admirar ante essa ausência de critérios absolutos, de valores abstratos, na "filosofia" de Confúcio. Mas o que faz a originalidade é precisamente esta intuição de que o critério do Justo muda com o tempo e as circunstâncias (VII, 10; VIII, 13; XV, 6). O ritual também deve ser concebido em relação dialética com o sentido de Justo. Melhor prova não há que os parágrafos IX, 3 ou XV, 10, onde é, não a letra, mas o espírito do ritual, o espírito do Justo, que se trata de salvaguardar.

A Herança

O ensino de Confúcio esteve longe de se impor à primeira vista. Suscitou a oposição de diversas outras correntes, principalmente a taoísta, a legista e a moísta. No século IV A.C., Mêncio se impôs a tarefa de elaborar o pensamento confuciano em doutrina sistemática, atribuindo-lhe problemáticas mais acentuadas e conceitos novos. Essa doutrina estava já bastante distanciada de seu estado original, quando foi oficialmente consagrada pelo imperador Wu, dos Han, no ano de 135 A.C. Daí por diante, ao longo de toda a história chinesa, não cessou de desempenhar o papel de "ortodoxia de Estado", dificilmente escapando às deformações e à esclerose. Sob os Song, no século XII da nossa Era, conheceu, entretanto, uma renovação mais importante, na forma de neoconfucionismo, corrente de pensamento que se esforçou em reinterpretar inteiramente os clássicos à luz de uma filosofia sincretista, bastante influenciada pelo taoísmo e pelo budismo Chan (Zen, em japonês). Seu principal representante foi, sem dúvida, Zhu Xi (1130-1200), que fez dos *Diálogos* o manual de base da educação, e cujo comentário ainda hoje é autoridade. Esse confucionismo "revisto e corrigido" é que foi levado ao conhecimento dos missionários jesuítas na China a partir do século XVI, e que, por intermédio deles, exerceu uma influência considerável, ainda que pouco conhecida, sobre a Europa das Luzes. Leibniz, Wolff na Alemanha; Quesnay, Voltaire, Montesquieu, Turgot na França; Robert Burton, Oliver Goldsmith na Inglaterra interessaram-se, pouco mais ou menos, e de maneira mais ou menos positiva, pela arte de governar no "Império da China". Aí encontraram eles a idéia de um governo baseado na educação e no mérito, sem distinção de classe ou de nascimento, e tendente à realização do bem-estar entre o povo. Na própria China, muito depois do fim do "sonho chinês" na Europa, é para o Confucionismo que se haveriam de voltar os grandes pensadores que colocaram o problema do homem enquanto ser social e político.

A Campanha Anticonfucionista

A campanha desencadeada durante a "Grande Revolução Cultural" não foi a primeira do gênero na história da China moderna. O famoso Movimento de 4 de maio de 1919 congregara-se já em torno do slogan "Abaixo Confúcio e Companhia!", o qual visava a desmantelar a golilha em que se haviam tornado a hierarquia e a ideologia confucionistas, numa China que aspirava a passar à era moderna. A campanha deflagrada de 1972 a 1975 teve um objetivo mais preciso: a "luta entre a linha confucionista e a linha legista".

O termo "legismo" designa uma escola de teóricos da política, ativos na China dos Reinos Combatentes, reagrupados sob essa denominação por causa da importância primordial que davam ao papel da lei no governo, e dos sistemas de leis que introduziram efetivamente em diversos países. Seus escritos fazem a "apologia da adaptação dos meios aos fins, do exercício calculado do poder, do realismo político mais radical"[4], no que são assimiláveis ao *Príncipe* de Maquiavel, sendo a situação política dos Reinos Combatentes sensivelmente idêntica à da Itália quinhentista. No momento de sua emergência, os legistas se apresentaram como inovadores, relegando os confucianos ao papel de restauradores da antigüidade. É Shang Yang quem empreende, no país de Qin, as reformas mais retumbantes, visando a destruir as estruturas econômicas e familiares do feudalismo, e preparando o país para a guerra e a conquista que conduziram, em 221 A.C., à unificação do espaço chinês num império centralizado. O primeiro imperador, Qin Shi Huang, figura muito exaltada durante a campanha anticonfucionista, celebrizou-se por ter continuado a obra de Shang Yang, e por ter lançado ao fogo os clássicos. Daí resultou, não uma supressão do confucionismo, mas uma infiltração legista nos textos confucianos, sensível em certas passagens dos *Diálogos* (XIII, 3 e XVI, 2).

No entanto, nada pode ser mais radicalmente oposto ao pensamento de Confúcio, o qual diz, por exemplo: "Governai pela força de leis, mantendo a ordem à custa de castigos, e o povo se contentará em submeter-se, sem experimentar a menor vergonha. Governai pela Virtude, promovei a harmonia pelos ritos, e o povo não apenas conhecerá a vergonha, mas, por si mesmo, tenderá ao Bem" (II, 3). Para os legistas, a política deve ser totalmente dissociada da moral, e deve constituir-se numa pura técnica de repressão. Confucionistas e legistas têm, por conseguinte, concepções opostas da solidez do Estado: para uns, a garantia é a confiança que o povo deposita em seu soberano; para outros, é o medo (XII,

---

4. J.F. Billeter, "A propósito da campanha anticonfucionista", em *Critique*, nº 337 (junho de 1975), págs. 557-569.

7 e XIII, 15). A fábula do XIII, 18 é significativa a este respeito: quando um legista teria preconizado uma rigorosa aplicação da lei, Confúcio teria declarado sua convicção de que a pessoa e a relação humanas vêm antes de qualquer lei.

O Mestre diz: "Meu Caminho procede de um pensamento único que se liga ao todo" (IV, 15). Esse pensamento único não está nas derradeiras palavras dos Diálogos: "conhecer os homens"?

LIVRO I

Do Estudo

1 Diz o Mestre: Estudar uma regra de vida para aplicá-la na ocasião aprazada[1]: não é isso fonte de grande prazer? Partilhá-la com um amigo que vem de longe: não é a maior alegria? Não ter o reconhecimento dos homens, sem desconfiar, não é o quinhão do homem de bem?

2 Diz o mestre You[2]: Raros são os que, exemplares no respeito aos pais e aos mais velhos, tendem a mostrar-se contra seus superiores, e com maior razão a fomentar rebeliões. O homem de bem trabalha na raiz. É sobre raízes bem fundadas que o Caminho pode crescer e desabrochar. Não são a piedade filial e o respeito aos mais velhos a própria raiz do *ren*?

3 Diz o Mestre: "Cara muito boa e belas palavras" raramente são sinal de verdadeira virtude.

4 Diz o mestre Zeng: Todos os dias, examino-me em três pontos: nos negócios de que tratei para terceiros, terei feito o melhor que

---

1. "Estudar": primeira palavra do texto e da sabedoria confuciana, a qual empresta à educação um valor fundamental. Há uma interpretação mais geral desta primeira fase: Aprender e tornar a examinar freqüentemente. Mas é preciso insistir no sentido mais prático do que meramente escolar que Confúcio dá à palavra "estudar".

2. Com Mestre Zeng (cf. I, 4), é o único discípulo que recebeu a denominação de "Mestre", como principal porta-voz do ensino de Confúcio.

podia? Nas minhas relações com meus amigos, fui sempre sincero? Por fim, terei já deixado de praticar as lições do Mestre?

5 O Mestre diz: Para governar um país de mil carros de guerra[3], zela de perto pelo bom andamento dos negócios, sê o primeiro a manter a palavra, põe tento à despensa, ama teu povo, e não mobilizes a mão-de-obra camponesa senão nos momentos propícios do ano.

6 Diz o Mestre: Um jovem deve ser respeitoso, em relação aos pais, quando em casa, e para com os mais velhos, quando em sociedade. Sem ser pródigo em promessas, ele cumpre as que fez. Sua simpatia estende-se a todos os homens, privilegiando inteiramente aqueles que praticam o *ren*. E, se ainda tiver tempo disponível, pode-se dedicar à cultura das artes.

7 Diz Zixia: Um homem que, à companhia de mulheres prefere a dos sábios, que se devota inteiramente a seu pai e a sua mãe, que coloca o seu caminho a serviço de seu príncipe, que, com os amigos, sempre mantém a palavra, digo que tal homem, mesmo que lhe falte instrução, em verdade "estudou".

8 Diz o Mestre: Um homem de bem que careça de gravidade não se faz respeitar, e não pode ter conhecimento algum. O homem de bem é, antes de tudo, leal e fiel à sua palavra. Não tem, por amigos, senão aqueles que compartilham de suas exigências, e não tem receio de corrigir seus próprios defeitos.

9 Diz o Mestre Zeng: Que o soberano celebre as exéquias de seus pais, que realize com todo o fervor os sacrifícios a seus ancestrais, e o povo reencontrará a grande virtude.

---

3. Uma das formas de contribuição aos encargos de um Estado na China antiga era a entrega de carros de guerra, cujo número indicava o potencial militar e econômico do respectivo Estado. Um país de mil carros de guerra era considerado uma grande potência.

10 Ziqin pergunta a Zigong: Nosso Mestre, quando chega a um país, jamais deixa de se informar sobre a maneira pela qual esse lugar é governado. Mas, como é que ele obtém essas informações? Elas lhe são fornecidas, ou ele as pede?

Ao que responde Zigong: Nosso Mestre é de natureza cordial, franca, cortês, simples e sem arrogância: ele tem, por si mesmo, uma maneira muito própria de provocar respostas.

11 Diz o Mestre: Observa as intenções dum homem, enquanto o pai dele for vivo; só quando lhe morrer o pai ele revelará seus princípios de conduta. Se, durante os três anos de luto[4], perpetuar ele os princípios de seu pai, terá dado prova de grande piedade filial.

12 Diz o Mestre You: Na prática dos ritos, destaca-se a harmonia; ela é que faz a beleza da Via dos antigos reis. É ela a fonte de toda a atividade humana. Há, todavia, que evitar uma coisa: o cultivo da harmonia pela harmonia, sem se pautar pelo ritual.

13 Diz o Mestre You:

Quando o Justo empenha a palavra
Nela se pode fiar
Quando aos ritos se presta respeito
Não há vergonha nem infâmia
Quando o amigo é como um parente
Ele é o melhor dos guias.

14 Diz o Mestre: O homem de bem come sem empanturrar-se, vive sem grandes confortos. É diligente no que faz, prudente no que diz, e procura se reformar perto daqueles que conhecem o Caminho. Tal é o homem movido pelo verdadeiro desejo de instruir-se.

---

4. Trata-se, aqui, do luto mais pesado, aquele que o filho deve ao pai, e o súdito ao soberano; cf XVII, 21.

15 Zigong: Mestre, que pensar daquele que, pobre, abomina a lisonja, e, rico, guarda-se do orgulho?
O Mestre: Isso já é bom, mas seria ainda melhor se, pobre, encontrasse ele sua ventura no Caminho, e, rico, cultivasse os ritos.
Zigong: No *Livro das Odes*, diz-se:

"Talhar, depois limar.
Esculpir, depois polir[5]."

Não é isso o que quereis dizer?
O Mestre: Ah, caro Zigong, posso enfim falar-te das Odes!
Por ora, basta-me suscitar um ponto, para que deduzas o resto.

16 Diz o Mestre: Não tenhas nenhum receio de permanecer desconhecido dos homens, mas teme antes desconhecê-los tu próprio.

---

5. *Livro das Odes*, nº 55. O *Livro das Odes* é um dos grandes textos canônicos da cultura chinesa. Compreende atualmente 305 odes, compostas e recolhidas durante toda a dinastia Zhou, ou seja, do XII ao III séculos A.C. Tradicionalmente, divide-se em quatro partes: 1) Os *Guo Feng* ou árias populares, provenientes de diversos principados da China dos Zhou; 2) os *Xiao*, ou pequenas odes de corte; 3) os *Da Ya*, ou grandes odes de corte, relatando cerimônias e eventos oficiais; 4) os *Song*, odes concisas e herméticas, que se referem aos sacrifícios ou aos ancestrais da dinastia. O *Livro das Odes* tornou-se rapidamente um verdadeiro manual para a elite culta.

LIVRO II

Do Homem

1 Diz o Mestre: Aquele que governa pela Virtude é comparável à estrela polar, imutável em seu eixo, mas centro de atração de todos os planetas.

2 Diz o Mestre: O *Livro das Odes* conta trezentos poemas, mas o essencial concentra-se em três palavras: "Sem jamais desviar-se.[6]".

3 Diz o Mestre: Governai à força de leis, mantendo a ordem à custa de castigos, e o povo contentar-se-á em submeter-se, sem experimentar a menor vergonha. Governai pela Virtude, harmonizai pelos ritos, e o povo, não apenas conhecerá a vergonha, mas, por si mesmo, tenderá ao Bem.

4 Diz o Mestre: Aos quinze anos, resolvi aprender. Aos trinta, consolidei-me no Caminho. Aos quarenta anos, eu já não experimentava nenhuma dúvida. Aos cinqüenta, conhecia os decretos do Céu. Aos sessenta, tinha um perfeito discernimento. Aos setenta, agia com toda a liberdade, sem, no entanto, transgredir qualquer regra.

5 Que é a piedade filial?[7]

---

6. *Livro das Odes*, nº 297.

7. Nos quatro parágrafos que se seguem, com respeito à piedade filial, pode-se notar que Confúcio modula suas respostas em função do interlocutor: seu ensinamento é sempre direto e pessoal.

Meng Yizi[8] vem fazer a pergunta ao Mestre, que lhe responde: "É não desobedecer jamais[9]."

Pouco mais tarde, o Mestre confia a seu discípulo Fan Chi, que o levou de volta, de carruagem: "Outro dia, Meng perguntou-me o que era a piedade filial; respondi-lhe: É não desobedecer jamais." E a Fan Chi, que não compreende, o Mestre precisa: "Segundo os ritos, os pais serão servidos durante toda a sua vida; segundo os ritos, serão enterrados; segundo os ritos, far-se-ão sacrifícios a seus manes."

6 Meng Wubo, filho mais velho de Meng Uizi, por sua vez lhe faz a mesma pergunta. Responde-lhe o Mestre: Conduze-te de maneira a não causar a teus pais nenhum cuidado que não se refira à tua saúde.

7 A Ziyou responde o Mestre: Em nosso tempo, a piedade filial não consiste senão em alimentar os pais. Ora, isso fazemo-lo igualmente pelos cães e pelos cavalos. Na ausência de qualquer sentimento de respeito, onde a diferença?

8 A Zixia responde o Mestre: O difícil é ser filial de todo o coração. Não basta, pois, assumir o encargo dos pais e dos mais velhos, ou deixar-lhes a sua porção de comida e de bebida; a piedade filial é bem mais que isso!

9 Diz o Mestre: Posso entreter-me com Hui durante um dia inteiro, sem que ele me contradiga uma só vez, a ponto de se o poder ter por estúpido. Pois bem, sei que ele, uma vez só, tem sua ma-

---

8. Chefe de uma das três grandes famílias (Meng, Shu e Ji) que usurparam o poder no país de Lu, durante a vida de Confúcio (cf. Introdução). Essas três famílias descendiam de três irmãos, filhos do duque de Huan com uma concubina, e são comumente chamados os Três Huan (cf. XVI, 3).

9. Confúcio dá a entender, sem dúvida: nos ritos. Suas respostas são, com freqüência, deliberadamente lacônicas, a fim de deixar matéria à reflexão.

neira de ilustrar meu ensinamento. Este Hui, decididamente, está muito longe de ser estúpido.

10 Diz o Mestre: De um homem, observa sua maneira de agir, examina-lhe as motivações, vê onde acha ele sua ventura. Não é esse o meio seguro de o conhecer?

11 Diz o Mestre: O bom mestre é aquele que, repetindo o antigo[10], é capaz de encontrar aí o novo.

12 Diz o Mestre: O homem de bem não é um utensílio destinado a um único uso.

13 "Que é um homem de bem?" indaga Zigong. Responde o Mestre: "É aquele que não prega o que é preciso fazer se o não tiver feito ele mesmo."

14 Diz o Mestre: O homem de bem é imparcial e visa ao universal; o homem baixo, ignorando o universal, fecha-se no sectário.

15 Diz o Mestre: Estudar sem refletir é vão; meditar sem estudar é perigoso.

16 Diz o Mestre: Devotar-se a doutrinas perniciosas é buscar a própria perdição.

17 Diz o Mestre a seu discípulo: Zilu, queres que te diga o que é o conhecimento? É saber que se sabe, quando se sabe, e saber que não se sabe, quando não se sabe: eis o verdadeiro conhecimento.

18 Ao vê-lo estudar com vistas a uma carreira bem remunerada, diz o Mestre a Zizhang: Escuta tudo o que se diz a teu redor, e coloca entre parênteses os pontos duvidosos, para não falares com prudência senão do que tens por certo, e estarás seguro de cometer poucos erros. Presta bastante atenção ao que se faz ao teu re-

---

10. Literalmente: requentando o antigo, como se requenta um prato, quer dizer, repetindo e reinterpretando sem cessar os textos antigos para lhes dar um significado atual e um papel prático na vida.

dor, e evita as empresas arriscadas, para não te aventurares senão sobre o que é sólido, e terás poucas oportunidades de te arrependeres. Ora, quando se tem pouco a lamentar pelo que se disse, e pouco a reprovar pelo que se fez, as promoções e honrarias seguem-se naturalmente.

19 O duque Ai[11]: Que é preciso fazer para obter a adesão do povo?
O Mestre: Ponde os homens direitos acima dos perniciosos, e o povo virá a vós; fazei o contrário, e o povo vos negará seu apoio.

20 Ji Kangzi[12] pede uma receita para incitar o povo a venerar seu soberano e a ser-lhe leal. Responde-lhe o Mestre: Tratai-o com respeito, e sereis venerado; sede bom filho para vossos pais, e bom príncipe para vossos súditos, e sereis servido com lealdade; honrai os homens de valor e educai os menos competentes, e todos se verão incitados ao bem.

21 Alguém pergunta a Confúcio: Mestre, como é possível que não exerçais nenhum cargo oficial?
Ao que responde Confúcio: Diz-se, no *Livro dos Documentos:* "Ser bom filho, ser simplesmente bom filho e bom irmão, já é tomar parte no governo[13]." Vedes, portanto, que não se tem necessidade de ocupar um posto para exercer uma função.

---

11. Sucessor do duque Ding (cf. III, 19). Seu reino foi apenas de fachada, tendo o poder de fato caído às mãos das Três Famílias (cf. II, 5). Confúcio morreu no décimo sexto ano do reinado dele.

12. Ji Kangzi sucedeu a seu pai Ji Huanzi em 492 A.C., como chefe de clã Ji e Primeiro-Ministro do duque Ai.

13. *Livro dos Documentos,* V, XXI, 1. O *Livro dos Documentos,* outro texto canônico, teve para os chineses a importância do Antigo Testamento. Através de uma série de discursos, juramentos, conselhos e instruções atribuídos aos soberanos da antigüidade e a seus ministros, esse livro traça a história da China, mais ou menos idealizada, depois dos soberanos míticos Yao, Shun e Yu, passando pelas dinastias Xia e Shang-Yin até a dinastia Zhou (cf. Introdução). Segundo a tradição, Confúcio teria feito uma edição ou um resumo, tradição hoje muito contestada. Mas é provável que Confúcio e sua escola tenham despertado grande interesse pela obra.

22 Diz o Mestre: Para que pode servir um homem sem palavra? Não é mais viável que um carro de bois sem canga, ou que uma carruagem sem parelha.

23 Zizhang: É possível predizer-se o que será dos dez próximos reinados?
O Mestre: Os Yin herdaram ritos dos Xia; nossa dinastia Zhou, por sua vez, herdou os dos Yin. Ora, sabemos o que cada uma dessas dinastias acrescentou e suprimiu. E o mesmo acontecerá com todos os reinos que se sucederem a Zhou, sejam eles em número de dez ou de cem.

24 Diz o Mestre: Sacrificar a ancestrais que não sejam os seus próprios é pura bajulação[14]. Saber onde está o Justo e passar adiante é a pior vileza.

---

14. Na China, a veneração aos ancestrais manifestava-se por sacrifícios. Mas não se podia sacrificar senão estritamente aos ancestrais de sua própria família. Só uma baixa complacência podia levar a sacrificar aos ancestrais de um superior hierárquico.

LIVRO III

Ritos e Música

1 Confúcio reprova o chefe do clã Ji, que ousa alinhar até oito fileiras de dançarinos diante de seu templo ancestral[15]: "Se tem o atrevimento de fazer isso, de que não será capaz?"

2 Ao fim de cada sacrifício, no momento em que se arrumam os vasos rituais, as Três Famílias reunidas[16] recitam a Ode Yong[17]. O Mestre desaprova:

> "De cada lado conservam-se os príncipes vassalos
> Ao centro, grave e solene, o Filho do Céu."

Em que podem esses versos aplicar-se ao templo das Três Famílias?

3 O Mestre diz: Desprovido de *ren*, como poderia um homem apenas sentir o que são os ritos, o que é a música ritual?

---

15. Este parágrafo anuncia o tema da violação dos ritos. Na China dos Zhou, cada grande família tinha um templo ancestral, onde tinham lugar, em datas fixas, cerimônias ordenadas pelos ritos. Tais cerimônias compreendiam em particular espécies de pantomimas executadas por fileiras de dançarinos, sobre música ritual: oito fileiras para o rei, seis para um vassalo e quatro para um grande ministro. Assim, Ji Kangzi, ao arrogar-se uma prerrogativa real, sendo apenas ministro (cf. II, 20), infringe gravemente as regras.

16. As três famílias mais poderosas do país de Lu, que, apresentando como seu protetor um mesmo ancestral, reuniram-se num mesmo templo.

17. *Livro das Odes*, nº 282. Esta Ode era reservada à Casa de Zhou.

4 Lin Fang: Qual a primeira coisa a se observar nas cerimônias rituais?
O Mestre: Grande pergunta! Em toda cerimônia, mais vale a austeridade que o aparato. Nas de luto, mais vale a sinceridade na dor do que o escrúpulo na etiqueta.

5 Diz o Mestre: Mesmo os Bárbaros do leste e do norte, que ainda têm chefes, são preferíveis aos Estados chineses, que não reconhecem mais soberanos[18]!

6 O chefe do clã Ji se prepara para sacrificar no Monte Tai[19]. O Mestre diz a Ran Qiu[20]. E tu, nada podes fazer? – Nada. Então, o Mestre exclama: Ai, é de crer-se que o Monte Tai se preocupará menos com os ritos de que Lin Fang[21], para aceitar semelhante oferenda!

7 Diz o Mestre: Verdadeiros homens de bem não buscam a competição. Mesmo num torneio de tiro com arco, eles se saúdam e dão-se mutuamente passagem no momento de subir à sala; depois de torneio, todo mundo bebe à saúde do vencedor. Até na competição, o homem de bem permanece um homem de bem.

8 Zixia: Mestre, como entender estes versos do *Livro das Odes:*

"Belo rosto de sorriso encantador
De olhos puros e profundos
Branca seda onde se desenham as cores[22]?"

O Mestre: as cores só aparecem após a preparação do fundo.

---

18. Confúcio deplora a decadência dos Estados chineses, onde diversas famílias reinantes foram alijadas do poder por usurpadores (especialmente em Lu), decadência essa que confere superioridade às tribos bárbaras.

19. Ainda um exemplo de infração aos ritos. O sacrifício no Monte Tai era privilégio exclusivo do duque de Lu.

20. Confúcio dirige-se a Ran Qiu, pois este último está a serviço da família Ji.

21. Cf. parágrafo precedente.

22. *Livro das Odes,* nº 57. Lá só figuram os dois primeiros versos.

Zixia: Quer dizer que os ritos só vêm depois[23]?
O Mestre: Ah, Zixia, como apanhas bem meu pensamento! Enfim encontro alguém com quem falar do *Livro das Odes!*

9 Diz o Mestre: Posso, por certo, falar dos ritos dos Xia, mas quase não encontro vestígio no país de Qi atual. O mesmo acontece com os ritos dos Yin, no país de Song[24]. Faltam-nos, ao mesmo tempo, documentos e testemunhas, que forneceriam a prova viva do que digo.

10 Diz o Mestre: Quando há, na corte, Grande Sacrifício,[25] tudo o que se segue à primeira libação oferece um espetáculo que não posso tolerar.

11 Pergunta-se qual o significado do Grande Sacrifício. O Mestre responde: Ignoro-o. Àquele que o soubesse, ser-lhe-ia tão fácil governar quanto mostrar a palma da mão (ele o diz erguendo sua própria mão).

12 O Mestre sacrifica a seus ancestrais ou aos espíritos, como se eles estivessem realmente presentes. Ele diz: Se não estiver eu mesmo presente, calculo que não há sacrifício.

13 O grande ministro Wangsun Jia: Mestre, que pensais deste adágio:

"Mais vale adorar a casa do forno
Do que prestar culto ao altar[26]"?

---

23. Subentenda-se: após o *ren* (cf. III, 3). Esta cena faz lembrar bastante a do parágrafo I, 15.

24. Qi e Song: dois pequenos países, outorgados como feudos aos descendentes das dinastias Xia e Shang-Yin, quando estas foram derrubadas.

25. O Grande Sacrifício, ou Sacrifício Real, oferecido ao mais remoto ancestral do fundador da dinastia, no encontro dos Zhou.

26. O altar dos ancestrais. Dito de outro modo: Mais vale agradar aos verdadeiros detentores do poder do que aos detentores nominais. Wangsun Jia é um alto funcionário do poderoso reino de Wei, limítrofe de Lu. Sua intenção, talvez, seja a de atrair assim os préstimos de Confúcio, que o despede com firmeza.

O Mestre: Isso é falso. Quando se ofendeu ao Céu, de que ainda adianta orar?

14 Diz o Mestre: Os ritos estabelecidos pelos fundadores de nossa dinastia Zhou inspiravam-se nos das duas dinastias anteriores, Xia e Shang. Que nobreza! Que perfeição! É a esses que dou plena adesão.

15 Um dia, ao entrar no Grande Templo[27], o Mestre pede detalhes das cerimônias. Alguém, então, murmura: "É o filho do cidadão de Zhou, e pretende saber tudo sobre os ritos! Vede, pois, isso, ele entra no Grande Templo para fazer perguntas!" O Mestre, tendo ouvido a observação, responde: "Mas é justamente nisso que consistem os ritos."*

16 Diz o Mestre: Tinham razão os antigos:

> "No tiro com arco,
> Como é vão querer trespassar o alvo!
> Sempre haverá mais fortes que tu.
> O que importa, pois, é a retidão do gesto."

17 Zigong bem quisera pôr fim a esse costume obsoleto de sacrificar uma ovelha a cada lua nova. O Mestre lhe diz: Tu, meu amigo, te apegas à tua ovelha; eu, ao ritual.

18 Diz o Mestre: Em nossos dias, aquele que serve ao seu soberano com um respeito escrupuloso aos ritos vê-se tratado como um vil cortesão!

19 O duque Ding[28] pergunta de que maneira deve o soberano empregar seus ministros, e como devem estes servi-lo. Confúcio

---

27. Dedicado ao ancestral-fundador de Lu, o duque de Zhou.

28. O duque Ding de Lu (509-495 A.C.), que sucedeu a seu irmão Zhao quando este último se escondeu em Qi (cf. Introdução).

*O Mestre enfatiza, aqui, o significado intrínseco do ritual e do templo, isto é, existem em função do homem, para formar o homem, e não o contrário. Faz pensar em várias passagens de Buda e de Cristo. São João diz em seu texto: "Se o sal não salga a terra, de que vale o sal?". (N.T.).

responde: O soberano comanda seus ministros no respeito aos ritos, os ministros o servem com espírito de lealdade.

20 Diz o Mestre: Esta Ode *Guanju*[29], que maravilha de equilíbrio! Ela exprime o prazer sem cair no excesso, o pesar sem se comprazer no tormento.

21 O duque Ai[30] interroga o discípulo Zai Wo sobre os altares erigidos aos espíritos da terra. Zai Wo responde: Os Xia ali plantaram o pinheiro; os Yin, o cipreste; e os Zhou, o castanheiro, a fim de inspirar o temor entre o povo.[31]
O Mestre, indignado com esta resposta absurda, contenta-se em dizer: O que está dito, dito está, o que está feito, feito está, é inútil repisá-lo.

22 O Mestre: Guan Zhong[32] era homem de pequeníssima envergadura!
Um discípulo: Mas não era célebre pela sua frugalidade?
O Mestre: Ele desposou três mulheres de uma vez,[33] e nenhum de seus secretários acumulava as funções. Chamais a isso frugalidade?
O discípulo: Devia, no entanto, conhecer a fundo as regras rituais?
O Mestre: Somente um duque pode fazer encobrir as portas de seu palácio por uma cortina de árvores: ele também o fez. Somente um duque que receba outro dispõe de um porta-copos de cerimônia: ele tinha o seu. Se é assim que Guan Zhong conhecia as regras rituais, quem não as conhece?

---

29. A primeira do *Livro das Odes.* Canta a harmonia conjugal.

30. Cf. II, 19.

31. Jogo de palavras em chinês entre dois homônimos que significam, respectivamente: "castanheiro" e "tremer de medo".

32. Guan Zhong, personagem célebre da história chinesa. Primeiro-ministro do duque Han de Qi (685-643 A.C.), reino do qual ele fez a primeira "hegemonia" dos Reinos Combatentes, graças a seus métodos "legalistas", donde a hostilidade de Confúcio, mesclada, todavia, de grande admiração.

33. Existem outras interpretações: "Ele mantinha três casas", ou: "Ele mandou construir a torre de San Gui".

23 Confúcio ao Grande Mestre de música de Lu: Podem-se definir certas regras em música. De saída, todos os intrumentos tocam em uníssono. Depois cada um deles se distingue em toda a sua pureza, e este em perfeito acordo com os outros até o fim.

24 O chefe do destacamento de Yi solicita uma entrevista com o Mestre: "Jamais passou por aqui um grande sábio, sem que eu tivesse conseguido encontrar-me com ele." Os discípulos o apresentam ao Mestre. Ao sair da entrevista, diz-lhes o oficial: "Meus amigos, por que vos afligis por ter o vosso Mestre perdido seu lugar? Faz muito tempo que o mundo perdeu o Caminho; por isso, o Céu vai encarregar vosso Mestre de despertar o mundo como um gongo[34]."

25 Diz o Mestre: A música guerreira do rei Wu, embora muito bela, não chega à perfeição; enquanto que a do rei Shun – ah, a música Shao – é, ao mesmo tempo, rematada beleza e sabedoria suprema[35]!

26 Diz o Mestre: Os mais altos postos ocupados por homens limitados, os ritos executados sem recolhimento, os mortos honrados sem real aflição: como suportar tal espetáculo!

---

34. A cena se passa na fronteira do reino de Wei. Confúcio deixou Lu, e acaba de ser repelido em Wei, tendo o rei recusado seus serviços, donde a alusão ao fato de ter o Mestre perdido seu lugar. O chefe do destacamento vê, em Confúcio, uma espécie de Messias, guia e luz do mundo. Nesse sentido, esta passagem histórica ilustra bem a expressão tardia: "Confúcio, rei sem coroa".

35. A música guerreira do rei Wu, que, ao destronar a dinastia Shang-Yin, no século XII A.C., instaurou a dinastia Zhou, evoca sua tomada do poder pelas armas: ao passo que a do rei Shun recria sua ascensão pacífica ao trono deixado por Yao (cf. Introdução).

LIVRO IV

Do ren

1 Diz o Mestre: Élis estabeleceu-se lá onde mora o *ren*: ele viveu bem. Se não, como aspirar à sabedoria?

2 Diz o Mestre: Aquele que não possui o *ren* é incapaz de persistir, quer na desgraça, quer na bonança. O homem de *ren*, esse, não se acha a cômodo senão no *ren*; quanto ao homem de inteligência, distingue o que é proveitoso.

3 Diz o Mestre: Só o homem de *ren* é capaz de verdadeiro amor, de verdadeiro ódio.

4 Diz o Mestre: Por pouco que tenda a vontade ao *ren*, nenhum mal pode ela engendrar.

5 Diz o Mestre: Honrarias e riqueza é o que o homem mais deseja no mundo, e assim, pois, mais vale renunciar a elas do que se afastar do Caminho. A humildade e a pobreza são o de que mais foge o homem no mundo, e por isso mais vale aceitá-las do que se apartar do Caminho. O homem de bem que se afasta do *ren* não é mais digno desse nome: o homem de bem é aquele que não se afasta nem mesmo pelo tempo de uma refeição, que se sente acossado ou abalado pelos acontecimentos.

6 Diz o Mestre: Ainda não conheci verdadeiros adeptos do *ren*, nem mesmo verdadeiros contestadores do não-*ren*. Os primeiros consideram o *ren* como valor supremo; os segundos tentam evitar qualquer contato com o que não é *ren*. Teria algum deles alguma vez tentado consagrar ao *ren* toda a sua energia, por um dia que

fosse? Se não chegou lá, seguramente não será por falta de energia – em todo caso, não que eu saiba[36].

7 Diz o Mestre: As faltas são características daquele que as comete. Nessas mesmas faltas, distingue-se um homem de bem de um homem vulgar.

8 Diz o Mestre: Quem, pela manhã, ouve falar do Caminho, pode morrer contente nessa mesma tarde.

9 Diz o Mestre: O adepto do Caminho que se ruboriza por estar mal nutrido ou mal vestido não paga a pena que se tenha uma conversa com ele mais adiante.

10 Diz o Mestre: Nos negócios do mundo, o homem de bem não tem uma atitude rígida de recusa ou de aceitação. O Justo é sua regra.

11 Diz o Mestre: O homem de bem preza a virtude, o homem vulgar, os bens materiais. O homem de bem leva em si o sentido da lei, o homem vulgar só pensa em privilégios.

12 Diz o Mestre: Quem se deixa guiar por seu exclusivo proveito atrai ódio e rancor.

13 Diz o Mestre: Se é bem verdade que se pode governar pela humildade e cortesia próprias do ritual, não está nisso a perfeição? Assim não fora, onde ainda o sentido do ritual[37]?

---

36. Não se pode alegar cansaço: a prática do *ren* não é função da energia física (*li*), mas da vontade, do desejo de atingi-la (*de*).

37. O ideal político de Confúcio é reinstituir o governo de classe, (cf. Introdução) praticado pelos Sábios Reis da antigüidade. Aos que pretendem que o ritual é algo muito bom enquanto dissociado da política, Confúcio retruca que não há razão senão em ser-se político.*

*E nisto o Mestre se antecipa ao pensamento grego, segundo o qual (Aristóteles) o homem, "um ser político", só pode ser entendido como tal enquanto ligado e participante aos negócios da Pólis. (N.T.).

14 Não te importes por não ter um cargo, mas antes cuida de te manteres capaz; não te importes por não ser conhecido, mas antes cuida de te manteres digno.

15 Diz o Mestre ao Mestre Zeng: Meu Caminho procede de um pensamento único que abarca o todo.
Mestre Zeng aquiesce. O Mestre sai. Os outros discípulos, então, perguntam: O que ele queria dizer?
Mestre Zeng: O Caminho do Mestre se resume nisto: exigência contigo mesmo, mansuetude para com os outros.

16 Diz o Mestre: O homem de bem conhece o Justo, o homem vulgar não conhece senão o proveito.

17 Diz o Mestre: Se encontrares um homem de valor, procura assemelhar-te a ele. Se encontrares um homem medíocre, busca em ti mesmo os defeitos dele.

18 Diz o Mestre: Um filho, ao servir aos pais, pode fazer-lhes censuras, porém com doçura. Se vir que eles não seguem seu conselho, não ficará menos respeitoso e obediente; e mesmo quando for maltratado, não guardará rancor.

19 Diz o Mestre: Enquanto lhe viverem os pais, o filho não se irá estabelecer longe. Se a isso for forçado, deverá indicar-lhes claramente o endereço.

20 Diz o Mestre: O filho que, ao cabo de três anos de luto, permaneça fiel ao exemplo de seu pai, dá prova de grande piedade filial[38].

21 Diz o Mestre: Tem sempre em mente a idade de teus pais, fonte de alegria pela longevidade deles, mas também de inquietação pela sua velhice.

38. Cf. I, 11.

22 Diz o Mestre: Os Antigos eram avaros de palavras, por medo de as não confirmar em seus atos.

23 Diz o Mestre: Sê teu próprio mestre, e poucos erros cometerás.

24 Diz o Mestre: O homem de bem prefere ser lento no falar mas pronto no agir.

25 Diz o Mestre: A virtude jamais é solitária, faz-se-lhe roda em torno.

26 Diz Ziyou: Do súdito ao príncipe, reprimendas em demasia só levam à desgraça; entre amigos, o excesso de críticas não provoca senão antipatia.

LIVRO V

Dos Homens

1 Diz o Mestre, de Gongye Chang: "Ainda que tivesse conhecido a prisão, daria um bom marido: não era culpado de crime algum." Ele lhe dá sua própria filha em casamento.
"Num país governado segundo o Caminho", diz o Mestre, "Nan Rong teria um cargo a ocupar. Num país afastado do Caminho, ele saberia subtrair-se às punições e à desgraça." O Mestre concede-lhe a mão da filha de seu irmão mais velho.

2 De Zijian, diz o Mestre: Eis, enfim, um homem de bem! Ainda há, pois, em Lu, tais homens, pois, se assim não fora, de quem teria ele adquirido suas qualidades?

3 Zigong: Mestre, que pensais de mim?
O Mestre: Para mim, és um vaso.
Zigong: Um vaso?
O Mestre: Um vaso de cerimônia, ornado de pedrarias[39].

4 Observa alguém que Ran Yong, embora homem de *ren,* não tem a palavra fácil. Responde o Mestre: De que serve uma língua bem pendurada? Muitas vezes, ela não faz senão provocar a animosidade. Eu não saberia dizer se Ran Yong é homem de *ren,* mas por que deveria ele ser bom orador?

---

39. Confúcio nega a Zigong a qualidade de homem de bem, o qual "não é um utensílio" (II, 12), simples recipiente. O Mestre, porém, confere ao discípulo a qualidade de vaso precioso, destinado a um uso nobre.

5 O Mestre quer fazer seu discípulo Qidiao Kai obter um cargo. Mas aquele objeta-lhe: "Não sou ainda homem suficientemente probo para tal." O Mestre regozija-se com essa resposta.

6 Diz o Mestre: "Meu Caminho não é seguido. Se eu partisse agora em jangada pelo mar, quem me acompanharia? Zilu, sem dúvida?" Zilu fica todo ufano. Mas o Mestre acrescenta: "Ah, Zilu, em matéria de bravura, tu me ultrapassas de muito; se apenas pudesses ter um pouco mais juízo!"[40].

7 Meng Wube[41]: Segundo vós, Zilu é homem de *ren?*
O Mestre: Não sei.

Meng Wube: Tendes certeza?
O Mestre: Tudo o que vos posso dizer é que, num país de mil carros de guerra[42], Zilu poderia ser encarregado de recrutar as tropas, mas nada vos posso dizer de seu *ren.*

Meng Wubo: E quanto a Ran Qiu[43]?
O Mestre: Num feudo de mil famílias ou num clã de cem carros de guerra, Qiu poderia ser nomeado governador, mas isso nada me diz sobre seu *ren.*
Meng Wubo: E Zihua, então?

---

40. Confúcio, evidentemente, não tem a real intenção de fazer-se ao mar, apenas se mostra frustrado por não obter receptividade no país onde reside. Mas Zilu, com seu costumeiro arrebatamento, entusiasma-se por uma navegação aventurosa. O Mestre lembra-lhe imediatamente que a bravura não é senão a última das qualidades do homem de bem (cf. IX, 28 e XIV, 30)*.

41. Cf. II, 6. Lembremo-nos de que se trata do filho de Meng Yizi (II, 5), ministro de Lu.

42. Cf. nota de I, 5.

43. Cf. III, 6.

* Esse momento de frustração do Mestre evoca, mais uma vez, sentimento semelhante de Cristo, quando constata que "nenhum profeta é aclamado na terra natal". (N.T.)

O Mestre: Vejo-o perfeitamente na corte de um príncipe, com a cinta bem posta, ocupado em receber enviados de honra, mas, sobre seu *ren*[44], não me posso pronunciar.

8 Pergunta o Mestre a Zigong: Entre Hui e tu, qual consideras o melhor?
Zigong: Mas como ousaria eu sustentar a comparação? A Hui basta explicar uma coisa para que compreenda dez; quanto a mim, mal sou capaz de chegar a duas!
O Mestre: Certamente Hui é superior, concordo.

9 À vista de Zai Wo[45], que dorme bem no meio da jornada, diz o Mestre: É tão impossível esculpir madeira podre quanto passar a colher sobre uma parede de estrume. Este Zai Wo! Que adianta repreendê-lo?
Depois, prossegue: No começo, eu escutava o que diziam as pessoas, supondo que unissem o gesto à palavra; mas atualmente, depois de as ter escutado, observo o comportamento delas. É a Zai Wo que devo esta mudança.

10 Diz o Mestre: "Não conheço alguém que seja de uma força moral inflexível." Alguém enuncia o nome de Shen Cheng. O Mestre diz: "Cheng é demasiado escravo de seus desejos para manter-se inflexível em todas as circunstâncias."

11 Zigong: O que eu não gostaria de que os outros me fizessem, por nada no mundo quereria fazê-lo aos outros.
O Mestre: Muito bem, meu amigo, ainda não chegaste lá!

12 Zigong diz: O ensino de nosso Mestre inicia-nos nas artes e nos rituais, mas sua visão da Natureza Humana e do Caminho Celeste nos permanece inacessível.

---

44. O *ren* não consiste apenas na audácia física (Zilu), na habilidade política (Ran Qiu) ou na etiqueta (Zihua).

45. Cf. III, 21.

13 Quando acaba de aprender um preceito, Zilu não tem nada mais urgente do que colocá-lo em prática, e, enquanto não o consegue, seu único receio é o de aprender um novo.

14 Zigong: Como se explica que Kong Wenzi[46] recebesse o nome póstumo de Wen (o homem completo)?
O Mestre: Era um homem de espírito vivo e tão apaixonado pelo saber que não receava aprender mesmo de seus subordinados; por isso foi qualificado de Wen.

15 Do ministro Zichan[47] diz o Mestre que ele possui quatro qualidades do homem de bem: é cortês em seu comportamento habitual e diferente em relação aos seus superiores; no governo, assegura o bem-estar do povo com generosidade, e o faz trabalhar com eqüidade.

16 Diz o Mestre: Yan Pingzhong[48] sabia manter amigos. Seu respeito por eles não diminuía com o tempo.

17 Diz o Mestre: Zang Wenzhong tinha uma grande tartaruga de Cai, para a qual fez construir uma sala com colunas ornadas de montanhas e com vigas debruadas de plantas aquáticas. Que sabedoria havia nisso, pergunto-vos eu?[49]

18 Zizhang: O grande Ziwen[50] foi, por três vezes, nomeado Primeiro-Ministro, sem mostrar jamais a sombra de um sorriso, e

---

46. Estadista de Wei, falecido por volta de 480 A.C.

47. Célebre ministro de Zheng, morto em 522 A.C., e um dos mais capazes e íntegros de seu tempo, muito admirado por Confúcio, que teria chorado ao saber de sua morte.

48. Outro grande personagem, contemporâneo de Confúcio, o célebre Yanzi, ministro de Qi e grande diplomata, morto em 500 A.C.

49. Zang: ministro de Lu no século VII A.C., que gozava da reputação de sabedoria. Confúcio reprova esta marca de superstição. As carapaças de tartaruga prestavam-se à adivinhação.

50. Ministro de Chu, em meados do século VII A.C.

por três vezes foi demitido sem proferir um murmúrio. Mais que isso, ele teve, de cada vez, de colocar seu sucessor a par dos negócios. Que dizeis disto?
O Mestre: Era um ministro leal.
Zizhang: Não era também um homem de *ren?*
O Mestre: Eu não saberia dizê-lo. A só lealdade implica em *ren?*
Zizhang: Após a morte do soberano de Qi, por Cuizi, Chen Wenzi[51] resolveu deixar Qi, abandonando sua cavalariça de quarenta cavalos. Ao chegar a outro país, declarou: "Eles não valem aqui muito mais que Cuizi", e se foi. E o mesmo aconteceu num terceiro país. Que pensais disso, Mestre?
O Mestre: Certamente, era um homem apaixonado pela pureza.
Zizhang: Mas, não diríeis também que ele possuía o *ren?*
O Mestre: Não sei. Nada há aí que mereça este nome.

19 Ji Wenzi[52] refletia três vezes antes de agir. O Mestre observava: Duas vezes já é o bastante.

20 Diz o Mestre: Enquanto em seu país reinou o Caminho, Ning Wuzi[53] deu provas de grande sabedoria. Mas quando o país soçobrou no caos, fingiu-se de idiota. Ora, não é tanto a sua sabedoria, mas a sua "loucura" que permanece inegável.

21 Em viagem ao país de Chen, o Mestre, súbito exclama: Voltemos a Lu, sem demora! Meus jovens discípulos, lá embaixo, estão agora cheios de ambição e de pressa, brilham todos do esplendor da cultura, mas não conhecem ainda a justa medida[54].

---

51. Cuizi e Chen Wenzi: ambos ministros de Qi. O assassinato ocorreu no ano 548 A.C.

52. Ministro modelo de Lu, morto em 568 A.C.

53. Ministro de Wei no século VII A.C. Aceitou passar por louco para permanecer fiel a seu soberano, que fora destronado e aprisionado.

54. Segundo a tradição, Confúcio, tendo ultrapassado a casa dos sessenta anos sem ver impor-se sua doutrina, preocupa-se com a boa formação dos discípulos, encarregados de transmitir seus ensinamentos.

22 Diz o Mestre: Boyi e Shiqi[55] não guardavam nunca a lembrança dos agravos sofridos. Por isso tinham poucos inimigos.

23 Diz o Mestre: Mesmo um Weisheng Gan[56], como considerá-lo padrão de probidade? Alguém foi pedir-lhe um pouco de vinagre. Ao invés de dizer simplesmente que não o tinha, foi procurá-lo no vizinho para poder dar-lhe.

24 Diz o Mestre: "Ar complacente, belas palavras e deferência de superfície[57]", Zuo Qiuming[58] teria mantido uma tal atitude por desprezo, e eu também. "Amigo pela frente, inimigo por detrás", Zuo Qiuming não seria jamais humilhado, e eu não mais.

25 Um dia em que Yan Hui e Zilu se mantêm perto dele, o Mestre lhes pergunta: Dizei-me um pouco: qual seria o ideal de cada um de vós?

Zilu: Eu gostaria de possuir cavalos, carros e mantos de bela pele, para dividi-los com meus amigos e achar bastante normal que eles mos devolvessem usados.

---

55. Dois irmãos que viveram sob a dinastia Shang (ou Yin), e que fazem parte da legenda confuciana. Fizeram-se notar, primeiro, como exemplos de suprema cortesia, querendo ceder-se mutuamente o feudo que haviam herdado, e abandonando-o de comum acordo, para viver juntos (cf. VII, 4). Em seguida, sua ausência de rancor, aqui tratada, ilustrou-se no momento em que os Zhou alijaram os Shang-Yin. Malgrado os reveses que haviam sofrido da parte do último tirano dos Yin, os dois irmãos se recusaram a pegar em armas contra ele, preferindo deixar-se morrer de fome a trair sua dinastia.

56. Legendário modelo de probidade e integridade. Aqui, Confúcio reprocha-lhe, aparentemente, a falta de simplicidade.

57. Cf. I, 3.

58. Este Zuo constituiu-se em objeto de controvérsias sem fim. Segundo este parágrafo, parece tratar-se de um ancestral, ou, quando muito, um contemporâneo que Confúcio venera. Alhures, porém, atribui-se-lhe a redação do Zuo Zhuan, comentário e continuação dos *Anais das Primaveras e Outonos*, cujo autor teria sido Confúcio. Seria a mesma pessoa?

Yan Hui: É meu ideal não me vangloriar de minhas próprias qualidades e não fazer alarde de meus méritos.
Zilu: E vós, Mestre, qual o vosso ideal?
O Mestre: Inspirar aos velhos a serenidade, aos amigos a confiança, aos jovens a afeição.

26 Diz o Mestre: Ai de mim, quando verei o homem capaz de ver seus próprios defeitos e de fazer ele próprio sua demanda?

27 Diz o Mestre: Num lugarejo de dez casas, tende a certeza de encontrar alguém como eu, leal e digno de confiança, mas que esteja também desejoso de aprender[59], não o creio.

59. Aprender: não de maneira puramente livresca, mas educar-se e buscar o melhoramento geral*.

* No que o ideal de *educação* (pedagogia) do Mestre "bate" plenamente com o conceito socrático. Nesse "melhoramento geral" (do ser), entenda-se o mesmo ideal grego da busca de *aretê* (N. T.)

LIVRO VI

Dos Discípulos

1 O Mestre, tendo feito notar que Ran Yong[60] seria digno de tomar assento de frente para o sul[61], pede-lhe este último sua opinião sobre Zisang Bozi.

O Mestre: Ele também conviria ao cargo, no que se compraz facilmente[62].

Ran Yong: Sim, sendo ele mesmo bastante consciencioso, não exige demasiado do povo. Mas, a ser pouco exigente consigo mesmo tanto quanto em relação aos outros, a gente não se arrisca a se contentar com demasiada facilidade?

O Mestre: De fato, tens razão.

2 O duque Ai[63] pergunta ao Mestre qual de seus discípulos é mais cioso de se educar. Responde o Mestre: Bem se havia Yan Hui. Quando lhe acontecia enfurecer-se, ele se culpava e não cometia jamais duas vezes a mesma falta. Mas quis o Céu que ele morresse jovem. Atualmente, não vejo mais ninguém que se lhe pudesse igualar.

3 Como partisse Zihua em missão a Qi, pede Ran Oiu[64] que se pague uma dotação em cereais à mãe de seu amigo.

---

60. Cf. V, 4.
61. Quer dizer, ocupar o trono do soberano.
62. Cf. XIII, 25.
63. Cf. II, 19.
64. Dois discípulos a quem Confúcio negava a qualidade de *ren* (V, 7). Ran Qiu estava ao serviço da rica e poderosa família Ji (cf. III, 6).

O Mestre diz: Pede um caldeirão.
Ran Qiu quer conseguir mais. O Mestre diz: Pede três, então.
Mas Ran Qiu, por iniciativa própria, consegue cem vezes mais.
Diz o Mestre: Quando Zihua partiu para Qi, tinha cavalos bem alimentados e levava belas peles. Sempre pensei que o homem de bem se ocupe em socorrer os pobres, e não em acrescentar à fortuna dos ricos.
O Mestre, ao nomear seu discípulo Yuan Si intendente-chefe, dá-lhe novecentas medidas de grão. Aquele as recusa. Diz-lhe o Mestre: Mas por quê? Encontrarás bem a quem distribuí-las, entre teus vizinhos ou em teu distrito.

4 A propósito de Ran Yong, diz o Mestre: Se o filhote de um boi de trabalho nascer provido de uma bela pelagem baia e de soberbos chifres, quando até mesmo os homens o considerariam indigno de sacrifício, será que os espíritos das águas e dos montes o rejeitariam[65]?

5 Diz o Mestre: Hui era o único a poder residir no *ren* de modo estável. Os outros aí chegam de vez em quando, embora com dificuldade.

6 Ji Kangzi[66]: Mestre, achais que Zilu daria um bom ministro?
O Mestre: Ele sabe tomar decisões, como não haveria de dar um bom ministro?
Ji Kang: E Zigong?
O Mestre: Este homem é lúcido e sagaz, isso não é próprio de um bom ministro?
Ji Kang: E Ran Qiu?
O Mestre: Tem múltiplos talentos, que quereis mais?

---

65. Só os animais de uma só cor podiam ser utilizados nos sacrifícios. O pai de Ran Yong é comparado ao boi de trabalho, indigno da cerimônia sacrificial, seja por sua origem humilde, seja por sua má reputação moral. Contrariamente aos preconceitos humanos, as divindades não fazem recair sobre o filho as taras do pai.

66. Cf. III, 1.

7 O chefe do clã Ji faz oferecer ao discípulo Min Ziqian o cargo de governador de Bi[67]. Min Ziqin responde aos emissários: Encontrai uma maneira polida de declinar do oferecimento. Se se voltar à carga, estarei já do outro lado do Wen[68].

8 O discípulo Ran Geng está doente, e o Mestre faz-lhe uma visita. Logo ao lhe apertar a mão, pela janela, suspira: Está perdido, é o destino... Mas, tal homem, ter uma doença dessas, que desgraça[69]!

9 Diz o Mestre: Hui era dum raro valor. Três bocados de arroz, dois goles d'água, uma viela perigosa – nem mesmo tudo o que um outro não poderia suportar lhe alterava a serenidade. Na verdade, um homem admirável!

10 Ran Qiu: Não que eu não ache excelente o Caminho de nosso Mestre, mas faltam-me as forças.
O Mestre: Aqueles aos quais chegam a faltar forças caem extenuados no meio do caminho. Tu, tu te pões limites por antecipação[70].

11 Diz o Mestre a Zixia: Cultiva-te sobre o modelo do homem de bem, não sobre o do homem vulgar.

12 Sendo Ziyou governador da cidadela de Wu, pergunta-lhe o Mestre: Encontras em Wu assessores competentes?
Ziyou: Há esse Tantai Mieming, que "jamais toma por atalhos", e nunca tem permissão de vir a mim, a não ser para negócios públicos.

13 Diz o Mestre: Meng Zhifan[71], eis alguém que não se vangloria de suas proezas! Quando seu exército foi derrotado, foi ele o últi-

---

67. Praça-forte do clã Ji.
68. Rio que separa Lu de Qi.
69. Supõe-se, tradicionalmente, que Ran Geng sofresse de lepra.
70. Cf. IV, 6.
71. General de Lu. Trata-se de uma batalha contra Qi.

mo a fugir. Mas, no momento de reentrar na cidade, fez o gesto de açoitar os cavalos, ao declarar: Não foi por coragem que fiquei por último: bem vedes que meus cavalos não andam mais.

14 Diz o Mestre: Em nossos dias, quem não tiver nem a eloqüência do grão-sacerdote Tuo, nem a beleza do princípe Chao de Song, bem mal há de sair-se em tudo!

15 Diz o Mestre: Alguma vez já se viu alguém sair de uma casa sem passar pela porta? Como poderia então alguém deixar de passar pelo Caminho? *

16 Diz o Mestre: A natureza que sobrepuja a cultura é falha, e a cultura que sobrepuja a natureza é pedante. Só a harmoniosa combinação delas dá o homem de bem[72].

17 Diz o Mestre: A vida do homem tende à retidão. Sem esta, tende só ao acaso.

18 Diz o Mestre: Aquele que conhece o Caminho não deseja a quem ama. O que ama o Caminho não quer aquele que aí encontra a felicidade.

19 Diz o Mestre: Aqueles cujos talentos ultrapassam a média podem ser sempre guiados mais alto. Aos outros, não se lhes pode falar senão ao seu nível.

20 Fan Chi[73] pergunta em que consiste a sabedoria. O Mestre responde: é melhor deixar aos homens, com toda a justiça, o que lhes é devido, e honrar espíritos e demônios, mantendo-os à distância. – E o *ren*? – É atirar-se incontinenti ao mais difícil, antes de pensar na recompensa.

---

72. Frase célebre, que encontrou aplicações em diversos domínios, particularmente no moral e literário.

73. Cf. II, 5.

*Por vezes, a alusão do Mestre ao "Caminho" ou "Via" faz lembrar as de Cristo, que também se referia ao "Caminho estreito que leva à casa de meu Pai".

21 Diz o Mestre: A homem de inteligência apraz a água, a homem de *ren* a montanha; a um, o movimento, ao outro, o repouso. O homem de inteligência vive feliz, o homem de *ren* vive muito[74].

22 Diz o Mestre: Uma reviravolta faria de Qi um país de Lu; a mesma reviravolta reaproximaria Lu do Caminho[75].

23 Diz o Mestre: Um copo quadrado que não é mais quadrado, ainda é um copo[76]?

24 Zai Wo: O homem de *ren*, a quem se dissesse que um de seus semelhantes está no fundo dum poço, correria a se lhe juntar, suponho[77]?
O Mestre: E por que, pois, rogo-te? O Homem de bem talvez vá ao poço, mas não se jogará nele; ele pode-se deixar enganar, mas não cegar.

25 Diz o Mestre: O homem de bem, que, ampliando sem cessar os seus conhecimentos, é capaz de ordená-los pelo ritual, não saberia trair o Caminho[78].

---

74. Esta passagem é por vezes interpretada como tendo alcance político: segundo Confúcio, uma política feita apenas de ação, habilidade e empreendimento não lograria permanência. Só uma política fundamentada no *ren* tem duração assegurada.

75. Qi e Lu, países limítrofes, ambos no atual Shandong. Segundo a tradição, Qi representa a potência belicosa, em oposição a Lu, que se gaba de ser o herdeiro mais direto dos Zhou e de seus ritos, aos quais, por uma reviravolta, era preciso retornar.

76. Trata-se de um copo antigo, cuja forma mudou, permanecendo o nome. O nome não corresponde mais à coisa, a coisa perdeu o sentido. Dito de outra forma, a realidade política da China não corresponde mais à terminologia herdada à antigüidade. Confúcio lamenta-se de viver numa época em que Zhou não tem mais que um poder nominal, e onde os tronos são usurpados de todos os lados.

77. Já que um homem de *ren* é sempre tido como estando à procura da companhia de outros adeptos do *ren*, será que também o faria se para tal fosse preciso descer num poço?

78. Cf. V. 21.

26 Após a visita do Mestre a Nanzi[79], Zilu manifesta sua desaprovação. O Mestre faz então esta declaração: Se tiver eu feito qualquer coisa de inconveniente, possa o Céu maldizê-la, possa o Céu maldizê-la!

27 Diz o Mestre: A Virtude da Grande Medida[80], haverá algo de mais elevado? Ora, há muito tempo é coisa rara entre os homens.

28 Zigong: Mestre, aquele que prodigalizasse benefícios ao povo e provesse a todas as suas necessidades, não mereceria o nome de *ren?*
O Mestre: Isso não seria *ren*, seria a sabedoria suprema! Mesmo Yao e Shun[81] ter-se-iam afligido com isso! Praticar o *ren* é começar por si mesmo: querer para os outros o que se quer para si mesmo, e desejar o bom êxito deles tanto quanto o seu próprio. Busca em ti a idéia daquilo que podes fazer pelos outros – eis o que te porá no caminho do *ren*!

---

79. Concubina do duque Ling de Wei, tão intrigante quanto poderosa. Wei é vizinho a Lu.

80. Palavra-chave da sabedoria confuciana, que serviu de título a um tratado traduzido em francês como "L'Invariable Milieu" ("O Meio Invariável").

81. Cf. Introdução.

LIVRO VII

Do Mestre

1 Diz o Mestre: Transmite o ensinamento dos Antigos sem nada criar de novo, pois ele me parece digno de fé e de adesão. Nisso, ouso comparar-me a Lao Peng[82].

2 Diz o Mestre: Penetrar, pela meditação, nas coisas conhecidas, aprender sem cessar o novo e ensinar sem descanso: será que pelo menos isso terei feito?

3 Diz o Mestre: Conhecer a virtude sem cultivá-la, acumular conhecimentos sem aprofundá-los, ouvir falar do Justo sem praticá-lo, ver seus próprios defeitos sem remediá-los, eis exatamente o que me preocupa!

4 Em suas horas de lazer, era o Mestre o homem mais sossegado e mais sorridente do mundo.

5 Diz o Mestre: Estou, pois, tão velho! Faz já tanto tempo que não vejo em sonhos o duque de Zhou[83]!

---

82. Sobrenome de Pengzu, ministro legendário de Yao, ou nome de um ministro dos Shang. Uma terceira hipótese seria fazer de Lao e Peng duas personagens distintas.

83. Confúcio fala, aqui, num momento de desânimo. Ele "sonhou" realizar um reino digno do duque de Zhou (cf. Introdução), modelo da sabedoria e do governo fundamentados no *ren*. Ou ele sente, agora, que seu sonho não se realizará.

6 Diz o Mestre: Concentra tua vontade no Caminho, apóia-te na Virtude, modela teus atos pelo *ren*, e tira teu prazer das artes[84]!

7 Diz o Mestre: Jamais recuso meu ensinamento àquele que vem a mim por si mesmo – traga-me ele apenas um pouco de carne seca[85].

8 Diz o Mestre: Não me disponho a despertar senão aquele que busca ardentemente compreender, a guiar senão aquele que se esforça em vão por exprimir-se; mas se ao lhe mostrar um ângulo eu o vir incapaz de deduzir os outros três, abandono a partida[86].

9 Quando se acha à mesa, ao lado de uma pessoa em luto, o Mestre tem pouco apetite. Depois de prantear um morto, ele não canta pelo resto do dia[87].

10 Diz o Mestre a Yan Hui:

> Chamado a uma função, cumpre teu dever.
> Deixado sem emprego, sabe retirar-te.

Tu e eu, nós somos os únicos a agir assim.
Zilu intervém: E se tivéssemos um grande exército a comandar, quem escolheríeis para vos ajudar?
O Mestre: Um homem pronto a

> "Defrontar-se com um tigre, de mãos nuas
> Atravessar a nado um rio[88]",

um quebra-costas que morresse sem pesar, a nenhum quereria eu por sócio. Preciso de alguém que aborde os problemas com cir-

---

84. As Seis Artes que constituem a educação do homem de bem: o conhecimento do ritual e das cerimônias, a música, tiro com arco, corrida de carros, a escrita e a matemática.

85. Os mestres eram "pagos" por meio de donativos em espécie, que variavam segundo a fortuna do discípulo.

86. Cf. I, 15 e V, 8.

87. Isto anuncia as regras e interdições rituais do livro X.

88. *Livro das Odes*, nº 195.

cunspecção e que prefira distinguir-se antes pela estratégia que pela temeridade.

11 Diz o Mestre: Se fosse possível enriquecer sem compromissos, tivesse eu de candidatar-me a palafreneiro, manejando o chicote, seria o primeiro a fazê-lo. Mas como não é este o caso, permanecerei no caminho que sei de cor.

12 Purificação, guerra e doença: três circunstâncias em que o Mestre mostrava a maior prudência.

13 Achando-se no país de Qi, o Mestre ouviu a música Shao[89]. Durante três meses, não esqueceu o gosto da carne. "Eu nunca teria imaginado, dizia ele, que a música pudesse atingir tal intensidade!"

14 Ran Qiu: Crês que o Mestre seja favorável ao príncipe de Wei?
Zigong: Escuta, vou perguntar-lhe.
Ele entra onde está o Mestre e indaga: Que espécie de homens eram Beyi e Shuqi?
O Mestre: Eram sábios da antigüidade.
Zigong: Algum dia eles lamentaram sua sorte?
O Mestre: Eles estavam em busca do *ren* e o atingiram; que queixa poderiam ter?
Zigong sai e diz a Ran Qiu: O Mestre não é favorável ao príncipe de Wei[90].

15 Diz o Mestre: Contentar-se com arroz grosseiro e um pouco d'água para viver, com o braço dobrado para dormir, e achar, con-

---

89. Cf. III, 25.

90. O debate se relaciona com uma questão de sucessão. Quando da morte do duque Ling de Wei, no ano 493 A.C., o trono passou a seu neto, já que seu filho tivera de refugiar-se junto a Jin, por ter tentado contra a vida da concubina Nanzi (cf. VI, 26). Durante algum tempo, depois, o filho tornou a reivindicar o trono, em conivência com Jin, mas se chocou com a ferrenha oposição de seu próprio filho, doravante príncipe regente. Este último, na querela com o pai, é posto em contraste com os legendários irmãos Beyi e Shuqi (cf. V, 22), célebres por se terem querido ceder mutuamente o trono.

tudo, nisso a felicidade[91]! Riquezas e honrarias mal adquiridas não são para mim mais do que a nuvem que passa.

16 Diz o Mestre: Eis-me à beira dos cinqüenta anos. Concedei-me ainda alguns anos e os consagrarei ao estudo do *Livro das Mutações*[92], após o que serei capaz de evitar as faltas graves[93].

17 Ao recitar as Odes ou os Documentos, o Mestre sempre utilizava a pronúncia correta[94], bem como quando executava os ritos. Em todas essas ocasiões, só utilizava a pronúncia correta.

---

91. Cf. VI, 9.

92. O *Livro das Mutações*, igualmente conhecido sob o título chinês de *Yi Jing*, é o primeiro dos livros canônicos, tanto em data como em importância (cf. I, 15 para o *Livro das Odes* II, 21 para o *Livro dos Documentos*), e encontra-se na raiz tanto do pensamento confuciano quanto do taoísta. Originalmente, tratava-se de um livro oracular, fundamentado num sistema de signos: oito trigramas, cada qual uma combinação de três episódios completos (——) ou fragmentados (– –). Esses oito trigramas são atribuídos a Fu Xi, um dos "pais fundadores" da cultura chinesa (cf. IX, 8). Constituem, por si sós, uma espécie de representação abstrata da natureza, uma cosmologia, que levaria em conta não apenas os elementos mas também suas transformações e suas interações. Bem cedo, os oito trigramas foram por sua vez combinados entre si num sistema mais sofisticado de sessenta e quatro hexagramas. Segundo a tradição, estes últimos seriam atribuíveis ao rei Wen e a seu filho, o duque de Zhou (cf. Introdução), que teriam elaborado um verdadeiro manual de sabedoria.

93. Existem pelo menos duas outras interpretações deste trecho muito controvertido, a primeira das quais seria: Mais alguns anos ainda e terei consagrado cinqüenta anos ao estudo do *Livro das Mutações*, assim como a tradição segundo a qual Confúcio teria trabalhado no livro, adicionandolhe comentários.

94. Na China antiga, de múltiplos países e múltiplos dialetos, havia uma pronúncia "correta" para as ocasiões oficiais*.

*Este fenômeno é típico do grande ramo de línguas a que pertencem, entre outras, o chinês e o japonês. O fenômeno ocorre também, curiosamente, em línguas de nações indígenas americanas, inclusive brasileiras: há a "pronúncia" ou "língua" coloquial, a cerimonial, a diplomática, etc., em alguns casos chega-se ao requinte de uma língua feminina e outra masculina. (N. T.).

18 O duque de She[95] interroga Zilu sobre Confúcio. O discípulo não responde. O Mestre diz a Zilu: Por que não lhe respondeste simplesmente: é um homem que, em seu ardor de aprender, se esquece de comer, e que, em sua felicidade de tocar no Caminho, esquece-se de suas inquietações, a ponto de não sentir a aproximação da velhice?

19 Diz o Mestre: Não pretendo ter nascido com o saber. É em minha paixão pelos Antigos que o busco com ardor.

20 O Mestre nunca falava nem do estranho nem de espíritos, da força bruta nem dos atos contra a natureza.*

21 Diz o Mestre: Quando se passeia, só se deve fazê-lo a três, cada qual tendo a certeza de encontrar no outro um mestre, comunicando o bem, para imitá-lo, e o mal, para corrigi-lo em si próprio[96].

22 Diz o Mestre: Foi o Céu que fez nascer em mim a força da Virtude. Que pode sobre mim um Huan Tui[97]?

23 O Mestre diz a seus discípulos: Meus amigos, talvez penseis que vos oculto alguma coisa. Não, nada vos oculto. Não há nada

---

95. Governador de um distrito de Chu.

96. Cf. IV, 17.

97. Ministro da Guerra de Song, onde Confúcio está de passagem, no caminho de Wei a Chen. Segundo a lenda, ele se prepara para executar com seus discípulos um ritual sob uma árvore, quando se vêem cercados pelos homens de Huan Tui. Estes começam a arrancar a árvore e a ameaçar Confúcio de morte. Os discípulos supõem que ele vá fugir, mas o Mestre os tranqüiliza com essas palavras.

*Na doutrina de Confúcio, como nas dos grandes mestres hindus e também na paidéia grega, o sobrenatural ("o estranho") e as coisas relacionadas aos "espíritos" são respeitosamente mantidos a distância, sendo que, no hinduísmo, por exemplo, e entre diversos povos africanos contemporâneos emergentes do estágio primitivo, a intimidade com essas coisas chega a ser considerada como sinal de impureza e/ou inferioridade evolutiva. (N. T.).

do que eu pratico que não partilhe convosco: eis a minha verdadeira natureza.

24 O ensinamento do Mestre resumia-se em quatro coisas: o estudo dos textos antigos, a prática da virtude, a lealdade para com os superiores e a fidelidade à palavra dada.

25 Diz o Mestre: Um Sábio, jamais me será dado conhecê-lo; eu já ficaria bastante feliz de encontrar um único homem de bem. Um homem verdadeiramente bom, jamais me será dado conhecê-lo; já me faria bastante feliz encontrar um só homem constante em seus princípios. Mas, num mundo onde o Nada quer ser algo, o Vazio quer ser o Pleno, e a Carência, a Abundância, onde encontrá-lo, o homem de princípios?

26 O Mestre só pescava com linha, nunca com rede; quando ia à caça com o arco, jamais atirava num pássaro no ninho. *

27 Diz o Mestre: Muitos há que, sem possuir e saber, agem a torto e a direito: eu não. Eu preciso escutar bastante para adotar o melhor partido, ver bastante para escolher bem: eis o segundo grau de conhecimento[98].

---

98. Sendo o primeiro grau a sabedoria inata, cf. VII, 19 e XVI, 9.

*O respeito à Natureza se faz sentir, nos grandes sistemas pedagógicos da Antigüidade, de duas maneiras. De um lado, no sentido que hoje chamamos "ecológico", ou seja, a harmonia do homem para com o sistema natural em que vive, o seu meio ambiente. De outro, preconizando para a operação de caça (tida, em todas as sociedades e em todas as épocas, como atribuição nobre e dignificante), as mesmas regras de honra que regem a guerra. Ou seja: o caçador, como o guerreiro, não usará, em relação à caça, de recursos desleais ou desproporcionais. No sentido ecológico, São Francisco de Assis retomou o tema no século XIII. No outro sentido, sempre houve, em todas as mitologias, um deus – geralmente deusa – cuja atribuição específica era a proteção ao animal selvagem e a punição dos humanos transgressores do código de honra do caçador (Artemis, na Grécia, por exemplo). No Brasil, entre os nossos índios, temos também o Curupira, com idênticas atribuições. (N.T.)

28 Às gentes de Haxiang, confirmou-se difícil falar do Caminho. Não obstante, um jovem obteve uma entrevista com o Mestre: Os discípulos se espantaram. O Mestre disse: Por que tanta severidade? Se ele se tiver purificado[99] antes de vir-me ver, aceito-o sem para tanto lavá-lo de seu passado, nem garantir o que fará ele à saída.

29 Diz o Mestre: Será que o *ren* é realmente inacessível? Desejo-o com fervor, e ei-lo em ti.

30 O ministro da Justiça de Chen pergunta se é verdade que o duque Zhao, de Lu, conhecia os ritos. Confúcio responde pela afirmativa, e depois retira-se. O ministro faz então entrar Wuma Qi e lhe diz: Sempre ouvi dizer que o homem de bem nunca é partidário. Ora, acabo de ver um bastante partidário, parece-me. O duque de Zhao tomou por esposa uma Wu, pertencente ao mesmo clã dele, e travestiu-a do nome de Wumeng Zi. Dizer que o duque conhecia os ritos é dizer que seja quem for os conhecia! Quando Wuma Qi relata estas palavras a Confúcio, este lamenta-se: Bastante sorte tenho eu! Como eu não cometo o menor erro, todo mundo percebe[100]!

31 Quando alguém cantava na presença do Mestre, se lhe agradava a melodia, pedia ele que ela fosse repetida, para poder fazer-lhe coro.

32 Diz o Mestre: No estudo dos textos antigos, não me julgo mais medíocre que outro qualquer, mas, quanto ao comportar-se como verdadeiro homem de bem, acho que ainda não o consegui.

---

99. A cada vez que se faz uma pergunta ou uma súplica, é preciso purificar-se pelo jejum e pela abstinência, a fim de emprestar à prece maior força de persuasão.

100. O duque Zhao de Lu (541-509 A.C.), expulso de Lu pelos Ji. Confúcio mostra-se aqui tanto mais "partidário" quando se trata de defender seu próprio soberano diante de um ministro estrangeiro. O duque Zhao, ao esposar uma princesa de seu próprio clã, infringiu a regra da exogamia. Ele tentou camuflar o fato, fazendo passar sua mulher por membro dum outro clã, o clã Zi.

33 Diz o Mestre: Atingir o *ren*, ou, com mais razão, a sabedoria suprema, eu não saberia aspirar a isso. Tudo o que posso dizer é que para lá me encaminho, de todo o coração, sem jamais me cansar de ensinar[101].

Diz Zihua: É justamente disso que nós, discípulos, somos incapazes!

34 Tendo o Mestre caído gravemente enfermo, pede-lhe Zilu permissão para dizer a prece de Expiação. Diz o Mestre: Então isso existe?

Zilu: Sim. Diz-se, no *Livro dos Panegíricos*[102]: "Dissemos por ti as preces de expiação, invocando os espíritos do Céu e da Terra."

Diz o Mestre: Esse tipo de prece, faço-a desde sempre.

35 Diz o Mestre: A prodigalidade não vê limites à sua presunção, ao passo que a frugalidade acaba por cair na mesquinharia. Porém ainda mais vale a mesquinharia do que a presunção sem limites[103].

36 Diz o Mestre: Vede o homem de bem, como é livre e sereno! E o homem vulgar, como é sombrio e ansioso!

37 Era o Mestre homem doce, mas firme, imponente sem ser intimidante, polido, sendo absolutamente natural.

---

101. Cf. VII, 2.

102. Como no Ocidente, o "panegírico" (ou "elogio") de defunto é, na China, parte importante dos ritos funerários. Tem, em particular, por finalidade, fazer com que os vivos cumpram com o respeito aos mortos.

103. Cf. III, 4. A questão, aqui, é, mais que de finanças, de regras e de moderação rituais. O chefe do clã Ji (III, 1), que chega até a alinhar oito fileiras de dançarinos, é exemplo de presunção que descura os limites rituais.

LIVRO VIII

Dos Sábios da Antigüidade

1 Diz o Mestre: De Taibo[104], pode-se dizer que alcançou o grau supremo da Virtude: por três vezes, renunciou ao trono e se retirou, sem deixar ao povo ocasião de cantar seus méritos.

2 Diz o Mestre: Quando não se rege pelo ritual, a polidez torna-se laboriosa; a prudência, timorata; a audácia, rebelde; a retidão, intolerante.
Mostrem os governantes o exemplo da solicitude para com suas famílias, e o povo naturalmente tenderá ao *ren*; mostrem eles o exemplo da fidelidade às velhas amizades, e o povo nunca será cínico.

3 Mestre Zeng[105], estando gravemente enfermo, convocou os discípulos de sua escola e lhes disse: Olhai minhas mãos, olhai meus pés[106].

---

104. Filho mais velho do rei Tai, ele próprio avô do rei Wen, ancestral da dinastia Zhou. Taibo, adivinhando o desígnio de seu pai, cedeu espontaneamente o trono dos Shang a seu irmão caçula, e foi viver no sul da China. O ato de renúncia ao poder político é, aos olhos de Confúcio, o grau supremo do ritual (cf. nota de IV, 13) e da virtude.

105. Cf. I, 4.

106. O Mestre Zeng convida seus discípulos a constatar que seus membros estão intactos. É, com efeito, sinal de piedade filial este de conservar seu corpo intacto, tal como foi formado por seus pais, no nascimento.

Está dito, no *Livro das Odes*:

"Marcha precária e perigosa
Como sobre a borda de um precipício
Como sobre uma fina camada de gelo[107]."

Mas agora, meus filhos, sei que estou ao abrigo de todo o mal[108].

4 Durante a doença do Mestre Zeng, Meng Jingzi[109] foi fazer-lhe uma visita. Disse-lhe o Mestre Zeng: Quando um pássaro está prestes a morrer, seu grito é pungente; quando um homem está à beira da morte, sua palavra é verdadeira.
Há três coisas a que um homem de bem deve dar primazia em sua prática do Caminho: suas atitudes, seus gestos serão despidos de violência e de arrogância; sua expressão, seu rosto, retrato de boa fé, suas palavras, suas entonações, livres de baixeza e de vulgaridade. Quanto ao detalhe dos vasos rituais, outros estão aí para ocupar-se disso.

5 Diz o Mestre Zeng: Ser dotado, sem se envergonhar de consultar os que o são menos; ter muito conhecimento, sem hesitar em consultar os que o têm menos. Possuir muito, tendo o ar de nada ter; ser o pleno que parece ser o vazio; receber um insulto sem guardar desconfiança. Tive um amigo que agia assim[110].

6 Diz o Mestre Zeng: Um homem capaz de se ver confiar tanto a guarda de um orfãozinho quanto o governo dum grande Estado, e de manter sua nobreza até a morte, não diríeis que esse é um homem de bem? Sim, na verdade é.

---

107. *Livro das Odes*, nº 195.

108. Mestre Zeng sente-se chegado a bom porto, depois da marcha perigosa daquele que, por toda a vida, "carregou o *ren* como um fardo" (cf. VIII, 7).

109. Filho de Meng Wubo, ministro de Lu (cf. II, 6).

110. Supõe-se, tradicionalmente, que esse amigo era Yan Hui, discípulo preferido de Confúcio; comparar com VII, 25.

7 Diz o Mestre Zeng: Um cavalheiro deve ter espáduas largas e alma resoluta: pesado é o fardo, e longa a rota. O que ele carrega sobre os ombros é o *ren*: não é mesmo um fardo pesado? Suas penas só terminarão com a morte: não é longo o caminho?

8 Diz o Mestre: Um homem desperta à leitura das Odes, afirma-se pela prática do ritual, e se completa na harmonia da música.

9 Diz o Mestre: Ao povo, é preciso mostrar o Caminho a seguir, sem procurar explicar-lhe as razões.

10 Diz o Mestre: São suscetíveis de insubmissão e de rebelião aqueles que, apaixonados pela bravura, suportam mal sua pobreza, e os que, desprovidos de *ren*, suportam mal as críticas demasiado severas.

11 Diz o Mestre: Tenha um homem as belas qualidades de um duque de Zhou, se for vaidoso ou mesquinho, de nada lhe servirão todos os talentos do mundo.

12 Diz o Mestre: Bastante raro é aquele que estuda durante três anos sem visar a uma boa situação[111]

13 Diz o Mestre: Sê sempre de uma rigorosa boa fé, consagra-te ao estudo, preserva o Caminho mesmo ao preço de tua vida. Num país de governo precário, não entres; num país em revolta, não mores. Quando o Caminho reinar sob o Céu, mostra-te; caso contrário, mais vale a retirada. Se o país é conforme ao Caminho, envergonha-te de permanecer na indigência e na obscuridade; senão, é da riqueza e das honrarias que se faz mister ter vergonha.

14 Diz o Mestre: Quem não é chamado a ocupar um cargo, não se atrapalha em imaginar a organização.

---

111. Cf. II, 18.

15 O Mestre lamenta-se: Lembrai-vos de Zhi, o Grande Mestre de Música, em seus primórdios! Quando executava o pedaço final da Ode *Guanju*[112], eram ondas de melodia que enchiam o ouvido!

16 Diz o Mestre: Impetuosidade sem retidão, ignorância sem prudência, simplicidade sem boa-fé, eis o que ultrapassa o meu entendimento.

17 Diz o Mestre: Aprender é viver na obsessão de não atingir nunca o fim e de perder o que já se ganhou.

18 Diz o Mestre: Grandeza e majestade de Shun e Yu[113]! Eles tinham em seu poder tudo o que está sob o Céu, sem nada reter para si próprios.

19 Diz o Mestre: Que soberano pode igualar a grandeza de Yao! Que majestade! Não há verdadeira grandeza senão a do Céu, e só Yao estava à sua altura. Tão infinita era sua virtude que o povo renunciava a dar-lhe um nome. Que perfeição assinala o que ele realizou, que esplendor emana dos ritos por ele instituídos!

20 Shun não tinha senão cinco ministros, mas a paz reinava sob o Céu. O rei Wu dos Zhou, segundo dizia, não tinha senão dez ministros. Diz Confúcio: Sim, "raros são os verdadeiros talentos". Ainda que a época de Yao e de Shun fosse reputada fértil em talentos, (Shun não conseguiu encontrar mais que cinco ministros). Quanto ao rei Wu, na verdade só dispunha de nove homens, já que entre os dez havia uma mulher. Mas a virtude dos Zhou não atingiu menos seu apogeu: o rei Wen já destina os dois terços do reino, e, não obstante, permaneceu a serviço dos Yin[114]!

---

112. Cf. III, 20.

113. Cf. Introdução. Shun sucedeu a Yao e Yu sucedeu a Shun, não por hereditariedade, mas depois de terem sido escolhidos por suas capacidades e sabedoria.

114. Para Yao, Shun, Wu e Wen, cf. Introdução.

21 Diz o Mestre: O Grande Yu é, para mim, exemplo impoluto. Comia e bebia frugalmente, mas a abundância de suas oferendas aos manes e aos espíritos manifestava a maior devoção filial. Suas vestes de uso diário eram as mais grosseiras, mas ele reservava todo o esplendor para sua túnica e sua coifa de cerimônia[115]. Vivia numa casa humilde, mas toda a sua energia se comunicou aos trabalhos de secamento e canalização*. Sim, Yu é verdadeiramente um exemplo impoluto!

---

115. Usadas principalmente por ocasião dos sacrifícios realizados aos ancestrais.

* Na tradição e na mitologia chinesa, reserva-se um lugar de destaque aos soberanos que empreenderam as célebres obras de secamento e canalização. Faz lembrar, no plano histórico, o destaque dado, na história egípcia, ao próprio Nilo ("O Egito é uma dádiva do Nilo") e aos grandes construtores de cidades (Ramsés, por exemplo); e, no plano mitológico aos legendários edificadores de muralhas (os Ciclopes, por exemplo) e eventuais realizadores de obras públicas de saneamento, como Heracles. Uma vista d'olhos à China atual, com suas cheias periódicas e suas culturas de aluvião, basta para explicar o caso chinês. (N.T.)

LIVRO IX

Da Missão Celeste

1 O Mestre pouco falava do proveitoso, do Decreto Celeste e do *ren*[116]

2 Um habitante de Daxiang exclama: Esse Confúcio é mesmo um grande homem, e além disso bastante instruído. Mas o que é que ele sabe fazer de especial, que lhe valha a celebridade?
O Mestre, a quem se fez chegar este comentário, volta-se para os discípulos: Que poderia eu fazer de especial? Corrida de carros? Tiro com arco? Pois bem, seja a corrida[117]!

3 Diz o Mestre: A coifa de cânhamo fino[118] é a que prescreve o ritual. Hoje, tecemo-la em seda ordinária, o que sai mais barato: nisto, rendo-me ao uso. O ritual quer que nos inclinemos diante do soberano uma primeira vez antes de subir à sala. Hoje, subimos

---

116. O Mestre falava das coisas, não em função do proveito, mas em função do Justo. A questão de saber se o Céu determina todos os nossos atos pouco o interessava: tem-se dito freqüentemente que o pensamento confuciano é uma filosofia do homem, não do Céu. Viu-se, enfim, com que reticência Confúcio fornece uma definição do *ren*, ou outorga a alguém essa qualificação (cf. livro IV).

117. Para o homem dito comum, a reputação de "grande homem" adquire-se graças a um talento "especial". A resposta de Confúcio é, evidentemente, irônica. O homem de bem, com efeito, não é um "utensílio destinado a um único uso". (II, 12).

118. Cf. VIII, 21.

antes de nos inclinar: eis a excessiva presunção! Desta vez, ao risco de ir contra o uso, sou pela manutenção do rito antigo[119].

4 Há quatro coisas de que o Mestre era isento: idéias sem fundamento, afirmações categóricas, obstinação e egocentrismo.

5 Ameaçado de morte em Kuang[120], declarou o Mestre: Após a morte do rei Wen, sua cultura (wen) não continuava a viver em mim? Tivesse o Céu querido enterrar essa cultura, ninguém mais teria podido defendê-la como o faço eu. Ora, se tal não é a intenção do Céu, que tenho eu a temer da gente de Kuang[121]?

6 O Primeiro-Ministro pergunta a Zigong: Vosso Mestre chegou à sabedoria suprema? Como é que ele pode ter tantas competências práticas?
Zigong: Certamente, o Céu o tinha destinado a ser um Sábio; mas dotou-o também de múltiplos talentos.
Informado desta conversa, diz o Mestre: O Primeiro-Ministro ao menos me conhece? Eu cresci num meio modesto, e tive, pois, de aprender a fazer muitas coisas – ah, não importa. Mas, será que isso é necessário ao homem de bem? Muito pelo contrário.
O discípulo Lao gostava de repetir esta palavra do Mestre: É por não ter ocupação que tive de aprender todos os tipos de artes.

7 Diz o Mestre: Eu, possuir o conhecimento? Longe disso! Mas, venha o mais humilde dos homens fazer-me uma pergunta,

---

119. Confúcio tolera as mudanças de detalhe, mormente quando visam à economia. Mas a redução da distância entre soberano e súditos parecia-lhe uma novidade inadmissível.

120. Pequeno burgo na fronteira de Lu. Parece que Confúcio foi ali aprisionado em seguida a um mal-entendido, quando os habitantes do lugar o tomaram por Yang Hu, intendente tirânico e detestado do usurpador Ji, Kang.

121. Aqui, Confúcio define-se como herdeiro da tradição civilizada e refinada do rei Wen (cf. Introdução). Ele já se encontrou neste tipo de situação e manifestou a mesma consciência duma missão celeste, em VII, 22.

e estou pronto, sem ter necessariamente a resposta, a examiná-la sob todos os ângulos até esgotar o assunto.

8 Lamenta-se o Mestre: O fênix não vem todos os dias, o rio não faz aparecer nenhuma carta: perderam-se para mim todas as oportunidades[122]!

9 A cada vez que via alguém em trajes de luto, ou de cerimônia, ou um cego, mesmo não sendo esse alguém mais jovem que ele, o mestre se levantava, e, no momento de cruzar com ele, apertava o passo em sinal de respeito.

10 Com um grande suspiro, diz Yan Hui: O Grande Caminho do Mestre! Quanto mais levanto os olhos, mais alto me parece ele; quanto mais me empenho em penetrar nele, mais ele endurece; mal o vejo claramente à minha frente, ei-lo atrás. Metodicamente, o Mestre me guia passo a passo. Ele dilatou-me o espírito graças à cultura, mantendo-o completamente sob o controle do ritual[123]. E mesmo quando eu queria me deter, não o poderia: no momento em que eu esgotava todos os meus recursos, qualquer coisa parece erguer-se à minha frente mas, não obstante todo o meu desejo de atingi-lo, sou incapaz, sozinho, de encontrar o meio.

11 Estando o Mestre muito doente, tem Zilu a idéia de transformar alguns discípulos em intendentes[124]. Num momento de repouso, o Mestre diz: Zilu, esse tipo de impostura é bem de ti!

---

122. Estes dois sinais eram anunciadores do advento de um Sábio-Salvador, que, secretamente, Confúcio sonhava tornar-se (cf. Introdução). O Fênix fez sua aparição ao tempo de Shun e do rei Wen. Quanto à carta, remonta à época original e mítica de Fu Xi: um dragão sairia do Rio Amarelo, trazendo no dorso as marcas que teriam dado a Fu Xi a idéia dos trigramas divinatórios, recolhidos mais tarde no *Livro das Mutações* ou *Yi Jing* (cf. VII, 16).

123. Cf. VI, 25.

124. Para dar ao Mestre a ilusão de que ele exerce uma função importante. Sobre o zelo de Zilu a esse respeito, cf. VII, 34.

Ao quereres fazer crer que tenho intendentes a meu serviço, a quem pensas que engano? O Céu, talvez? Não apenas me agradaria muito mais morrer em vossos braços que nos dos intendentes, mas, mesmo sem falar de funerais com grande pompa, posso estar certo de que não me deixareis à beira do caminho!

12 Zigong: Suponhamos que possuísseis uma pérola rara. Vós a guardaríeis fechada num cofre, ou vendê-la-íeis a bom preço?
O Mestre: Eu a venderia, seguramente eu a venderia; mas ainda espero o apreciador de verdadeiros valores[125].

13 O Mestre quer ir viver entre as nove tribos bárbaras do Leste. Objeta-se-lhe: São povos rudes e primitivos, que iríeis fazer lá? Responde o Mestre: Que aí se estabeleça um só homem de bem, sê-lo-ão eles ainda[126]?

14 Diz o Mestre: Só depois de meu retorno de Wei a Lu[127] é que a música ritual foi retificada, as "Odes de Corte" e os "Salmos aos Ancestrais"[128] recolocados em seu lugar.

15 Diz o Mestre: Na Corte, servi fielmente ao duque e a seus ministros, junto a mim, meu pai e meu irmão mais velho. No culto aos mortos, jamais ousei faltar a meu dever. Nunca, enfim, me entreguei ao vinho. Eis um pouco do que me posso vangloriar.

16 Um dia, achando-se à beira de um rio, diz o Mestre: Tudo passa como esta água; nada se detém, nem de dia nem de noite!*

---

125. Zigong usa duma metáfora para perguntar a Confúcio as razões pelas quais ele até aqui declinou as ofertas de um cargo.

126. Cf. III, 5 e V, 6. Aqui, também, Confúcio, desencorajado com a pouca atenção que se dá ao seu Caminho, chega a desejar (não passando porém dum desejo) viver entre os Bárbaros.

127. Confúcio volta de Wei a Lu aos sessenta e oito anos, cinco antes de sua morte.

128. Duas das quatro divisões do *Livro das Odes* (cf. I, 15).

* Heráclito: "Panta rei, oudon menei" (Tudo passa, nada permanece). (N.T.)

17 Diz o Mestre: Será que um dia verei virtude tão forte quanto o instinto carnal[129]?

18 Diz o Mestre: O aprendizado da virtude é comparável à ereção de um outeiro: se me entrego quando faltar ao outeiro apenas um cesto, todo o meu trabalho terá sido em vão. Em contrapartida – para compará-lo ao aplainamento de um terreno – se ainda não o aplainei senão num cesto, e não obstante persevero, tenho a certeza de progredir.

19 Diz o Mestre: Poucos havia como Hui, que podia ouvir-me sem nunca relaxar sua atenção.

20 Ao pensamento de Yan Hui[130], lamenta-se o Mestre: Ai de mim, fui testemunha de seus progressos, mas não me foi dado ver o resultado[131].

21 Diz o Mestre: Há rebentos novos destinados a não florirem jamais, outros há que florescem, mas nunca dão fruto.

22 Diz o Mestre: Os jovens devem inspirar-nos respeito: como saberemos se o futuro deles não há de ser o nosso presente? É só ao atingir a idade de quarenta ou cinqüenta anos, sem nada ter feito de válido, que um homem já não merece que o respeitem.

23 Diz o Mestre: Como não aquiescer aos preceitos rigorosos, ainda que seja preciso corrigir-se no sentido deles? Como não aplaudir os conselhos hábeis, ainda que seja preciso submetê-los à análise? Para os que se contentam em aplaudir sem analisar, em concordar sem se corrigir, que posso eu fazer?

---

129. Confúcio almeja ver o desejo de virtude ser-nos tão natural quanto o instinto carnal; cf. I, 7 e IX, 30.

130. Yan Hui morreu jovem, cf. VI, 2.

131. Outra interpretação possível: Sempre o vi progredir, nunca deter-se.

24 Diz o Mestre: Sê, antes de tudo, leal e fiel à tua palavra. Não escolhas para amigos senão aqueles que partilhem tuas exigências. Não tenhas medo de corrigir teus próprios defeitos[132].

25 Diz o Mestre: Um grande exército pode ser privado de seu general-em-chefe; mas aquele que tenda ao Caminho não pode ser privado de sua vontade.

26 Diz o Mestre: Se há alguém que, vestido de linho grosso e usado até a corda, não se enrubesce por figurar entre as belas peles de raposa e marta, é exatamente Zilu.

> "Sem concupiscência e sem malícia,
> Como não ser irreprochável[133]?"

Daí em diante, Zilu não pára mais de recitar para si mesmo este refrão. Diz-lhe o Mestre: Vamos, vamos, achas que isso basta para ser perfeito?

27 Diz o Mestre: Só quando o ano é mais frio, o pinheiro e o cipreste, últimos a perderem as folhas, revelam sua tenacidade.

28 Diz o Mestre: O sábio é isento de toda a incerteza; o homem de *ren*, de toda a inquietude; o bravo, de todo o medo[134].

29 Diz o Mestre: Há pessoas com quem se pode estudar, mas não inclinar-se ao Caminho; outras, com quem se pode tender ao Caminho, mas não fortalecer-se no ritual; outras, ainda, com quem se pode fortalecer no ritual, mas não adquirir o discernimento.

---

132. Repetição literal de uma parte de I, 8.

133. *Livro das Odes*, nº 33.

134. Cf. XIV, 30, onde se enumeram, em ordem decrescente, as três virtudes capitais do homem de bem.

30 “O ramo de ameixas em flor
Como tremula e volteia!
Não que eu não suspire por ti
Mas é que longe de mim te demoras.”

Diz o Mestre: Isto não é amor. Se ele realmente a amasse, que importaria a distância[135]?

135. Os versos são, muito provavelmente, um fragmento de uma Ode que não figura no atual *Livro das Odes*. Confúcio faz, da bem-amada, uma metáfora do *ren*, que nos permanece inacessível, não por causa de um pretenso afastamento, mas pela falta de real desejo de atingi-lo (cf. VII, 29 e IX, 18).

LIVRO X

Do Comportamento Ritual[136]

1 Na intimidade, na aldeia de seus ancestrais, mostra-se ele simples e apagado, como se não tivesse o dom da palavra. Mas na Corte, ou no Grande Templo ancestral, fala com desembaraço, pesando bem as palavras.

2 Em Corte, é firme e cordial com os ministros subalternos, digno e franco com os grandes ministros. Em presença do soberano, mostra um temor respeitoso, mesclado de nobre gravidade.

3 Quando o encarrega o soberano de receber um convidado[137], muda de aspecto e de postura. Inclina-se e saúda, à esquerda e à direita, os hóspedes dispostos dos dois lados, sem desarranjar uma prega da túnica, nem na frente nem atrás. Ao chegar sua vez, avança rapidamente com a maior dignidade. Terminada a visita, cabe-lhe dizer ao soberano: "Podeis recolher-vos, vosso hóspede não se voltará mais."

4 Ao transpor a Porta do Palácio para se dirigir à audiência, curva-se como se faltasse espaço. Não se mantém no meio da

---

136. Este livro se distingue nitidamente de todos os outros. Não contém dizeres de Confúcio, mas descrições de seus hábitos ou de seu comportamento ritual. Trata-se, provavelmente, de um tratado ritual sobre a conduta ideal do homem de bem, que teria sido incorporado aos *Diálogos* com algumas modificações.

137. O convidado em questão é, provavelmente, o soberano de outro país, tanto que sua visita dá ensejo a um cerimonial muito elaborado.

entrada, e evita pisar no umbral da porta. Ao passar diante do lugar do soberano, muda de fisionomia e de andar, parecem faltar-lhe as palavras. No momento de subir à sala principesca[138], ele se curva, levantando a orla da túnica e sustendo a respiração como se temesse respirar. À saída, ao contrário, desde o primeiro degrau da escada, distende-se-lhe o rosto e ele retoma o desembaraço. Ao chegar lá embaixo, em passos rápidos, reassume dignamente seu lugar, onde retoma a atitude de respeitoso temor.

5 Quando é portador da tabuinha de jade[139], ele se curva, como se abatido pelo peso dela. Levanta-a como para fazer uma saudação, e abaixa-a como para apresentar uma oferenda. Seu semblante transmite o medo, e, em seu andar prudente, seus pés parecem de chumbo.

Ao chegar a hora dos presentes rituais, ele recobrou a serenidade. Em audiência privada, mostra-se sorridente e descansado.

6 Ele jamais se permite portar ornamentos cor de malva ou carmim, nem roupas comuns encarnadas ou púrpura[140]. No verão, sob a túnica de tecido fino e aerado, veste outra. No inverno, ele põe tento em combinar uma túnica negra com uma pele de gamo e uma marrom com uma pele de raposa. As vestes guarnecidas de peles, que de ordinário usa, são longas, mas a manga direita é mais curta que a esquerda[141]. Para dormir, tem uma camisa meio corpo mais comprida que ele. As peles de raposa e de marta servem-lhe para casa. Exceto em período de luto, usa seus pingen-

---

138. Cf. IX, 3.

139. Aqui vemos Confúcio em embaixada amigável numa Corte estrangeira. Leva ele a tabuinha de jade, insígnia de seu soberano e prova de uma identidade. Segue-se a cerimônia dos presentes, seguida, por vezes, de uma audiência particular.

140. Cores reservadas aos períodos de abstinência e de luto.

141. Para maior liberdade de movimentos.

tes na cintura[142]. À parte o avental reto de cerimônia[143], todas as suas saias são cortadas mais largas de roda que de talhe. A pele de cordeiro e a coifa de seda negra são excluídas por ocasião das visitas de condolências[144]. Ao prenúncio da lua nova, apresenta-se na Corte em uniforme de gala cerimonial.

7 Durante a abstinência que precede um sacrifício, enverga a túnica de purificação, que deve ser de tela. Ele muda de dieta e de residência.

8 Não lhe é proibido comer arroz puro e carne cortada fino. Mas a interdição recai sobre o arroz estragado, carne e peixe avariados, tudo cuja cor tenha mudado ou que cheire mal, qualquer prato que não seja corretamente trinchado ou servido com o bom tempero. A carne estará em muito bom estado, ele não comerá mais que arroz. Só o vinho não é limitado, mas ele nunca abusa. Evita o vinho e a carne seca das barracas. Pode ter à mesa gengibre. Jamais come além da conta.

A carne usada em um sacrifício de Corte não pode ser guardada até o dia seguinte, a de um sacrifício comum, mais de três dias, depois dos quais não pode mais ser consumida.

Ao comer, ou quando deitado, ele não fala.

Mesmo que seu repasto consista em um pouco de arroz grosseiro ou caldo de legumes, ele faz primeiro uma oferenda aos ancestrais com toda a reverência devida a um sacrifício.

9 Não se senta sobre uma esteira colocada obliquamente.

10 Quando se reúnem as pessoas de sua aldeia para beber, ele não deixa a festa antes dos mais idosos. No fim do ano, no momento

---

142. A um tempo talismãs e insígnias de classe.
143. Cf. VIII, 21.
144. Costume reservado à apresentação das oferendas.

do Rito de Exorcismo, ele se mantém, em uniforme de gala da Corte, sobre a escadaria do Leste[145].

11 Quando envia saudações a um amigo em outro país, prosterna-se duas vezes em honra da saudade, antes de despachar o mensageiro.
Tendo Ji Kangzi[146] enviado a ele um medicamento, prosterna-se e o aceita, mas, "Como se não lhe conhecem as propriedades", diz, "não me arriscarei a experimentá-lo[147]".

12 No dia em que se incendiaram suas cavalariças, o Mestre, ao seu retorno da Corte, perguntou: "Há alguém ferido?" Não perguntou pelos cavalos.

13 Se o soberano lhe envia um presente de vitualhas, ele as prova incontinenti, sentado sobre sua esteira bem colocada. Se se trata de um presente de carne crua, começa por fazê-la cozer e por apresentá-la aos manes; se for um animal vivo, guarda-o para criá-

145. No fim do ano, um exorcista, acompanhado de quatro "bobos"*, passa pelas casas para expulsar os demônios e humores pestilentos. Confúcio se mantém na escadaria de Leste, afirmando-se assim como dono da casa, a fim de tranqüilizar e proteger os manes de seus ancestrais**.

146. Cf. II, 20.

147. Sobre a prudência de Confúcio na doença, cf. VII, 12.

* O "bobo", alegoria do louco, é investido das mesmas propriedades que se atribuem ao primeiro, desde o estágio tribal neolítico até as culturas indo-européias mais refinadas: o louco e/ou o bobo são tidos como intercessores ou porta-vozes junto aos espíritos. Esta figura foi incorporada, por exemplo, pelo Tarô. (N.T.)

** Do Neolítico à cultura greco-latina, passando por todas as civilizações indo-européias e com recorrência entre as tribos americanas, os manes, ou espíritos ancestrais, eram vistos mais como passíveis da proteção material do vivo do que como seu protetor. Entre os gregos, por exemplo, mais forte que a alma do morto é sua Nêmesis, ou seja, a prerrogativa humana de Justiça, que cada homem possui e continua a possuir, mesmo na morte. Antígone, por exemplo, invoca várias vezes a "Nêmesis do morto", Electra idem. (N.T.)

lo. À mesa do soberano, quando este faz a oferenda aos manes, ele prova em seguida os pratos.

Por ocasião de uma doença, se o soberano vem fazer-lhe uma visita, ele faz com que lhe ponham a cabeça para o Leste[148] e com que o cubram com suas vestes de Corte, com a cinta disposta de través.

Se o soberano o convoca, põe-se imediatamente a caminho, a pé, sem esperar que lhe atrelem o carro.

14 Ao entrar no Grande Templo, informa-se sobre os detalhes das cerimônias[149].

15 Se acontece de morrer um de seus amigos, sem ter pais para prover às despesas do enterro, ele diz: encarrego-me das exéquias. Não se prosterna diante de qualquer regalo enviado por um amigo, seja este um carro com os respectivos cavalos. Não o faz senão quando se trate de carne sacrificial[150].

16 Ao dormir, evita a posição dos mortos. Na intimidade, não usa de formalidades. Em contrapartida, à vista de uma pessoa em luto, por mais familiar que lhe seja ela, ou em coifa de cerimônia, ou cega, por mais informal que seja o encontro, a fisionomia carrega-se-lhe de respeito[151]. Se está de carro, inclina-se até a barra diante de alguém em luto fechado, ou incumbida da guarda de documentos oficiais. Se convidado a um rico banquete, muda de aspecto e levanta-se em sinal de agradecimento.

---

148. Quer dizer, na posição do dono da casa que recebe seus convidados (cf. X, 10).

149. Cf. III, 15.

150. Verdadeiros amigos não deveriam enviar-se presentes, mas sim repartir tudo (cf. V, 25). Confúcio não se prosterna senão diante do envio de carne sacrificial, pois isto é uma homenagem a seus ancestrais.

151. Cf. IX, 9).

Sua fisionomia muda igualmente ao barulho da trovoada ou de uma tempestade violenta[152].

17 Para subir ao carro, mantém-se direito, empunhando o cordão[153]. Uma vez instalado, olha à frente e abstém-se de falar depressa ou de mostrar o dedo.

18 Um dia, ao passear, mudou de expressão à vista de um pássaro que levantou vôo rapidamente e não pousou senão depois de muitos volteios. Ele diz: Vede a perdiz, que faz seu ninho sob a ponte da colina: ela conhece seu momento, sabe esperar sua hora! Zilu quis apanhá-la, mas, ao gesto dele, o pássaro gritou três vezes e alçou vôo[154].

---

152. Testemunhando assim seu temor pelo Céu (cf. XVI, 8).

153. Fixado ao flanco do carro: segurava-se-o para ajudar a montar.

154. Confúcio admira a perdiz, que pressente o momento aprazado para alçar vôo (ou, para o Sábio, de deixar um cargo ou um país) e de pousar (de se estabelecer numa nova função ou num novo país).

LIVRO XI

Da Ambição

1 Diz o Mestre: No que concerne aos ritos e à música, os Antigos passam por rústicos, e nossos contemporâneos, por homens de escol. Ora bem, é à prática dos Antigos que me reporto.

2 Diz o Mestre: De todos os discípulos que me seguiram a Chen e a Cai, nenhum transpôs minha soleira[155].
Yan Hui, Min Ziqian, Ran Geng e Ran Yong sobrepujavam-se na prática da virtude, Zai Wo e Zigong na eloqüência, Ran Qiu e Zilu no governo, Ziyou e Zixia no estudo dos textos antigos.

3 Diz o Mestre: Hui não me estimulava quase nada: bebia tudo o que eu lhe dizia[156].

4 Diz o Mestre: Que exemplo de piedade filial, esse Min Ziqian! Ninguém pode emitir reservas sobre o bem que dele dizem seus pais e irmãos.

5 Quando recitava a Ode Yi, Nan Rong recapitulava várias vezes a estrofe sobre o cetro de jade branco[157]. Confúcio deu-lhe a mão da filha de seu irmão mais velho.

---

155. Existe outra interpretação segundo a qual Confúcio lamenta que nenhum dos discípulos tenha obtido um cargo.

156. Cf. II, 9.

157. *Livro das Odes*, nº 256. Eis a estrofe em questão:

"Num cetro de jade branco,
Pode-se polir um defeito.
Mas um mau propósito não."

Para Nan Rong, cf. V, 1. A julgar por estes dois parágrafos, é sua prudência que parece recomendá-lo aos olhos de Confúcio.

6 Ji Kangzi pergunta qual dos discípulos é o mais desejoso de aprender. Responde Confúcio: Bem que havia Yan Hui, mas quis o Céu que morresse jovem. Atualmente, não vejo mais ninguém como ele[158].

7 Por ocasião da morte de Yan Hui, seu pai, Yan Lu, veio pedir ao Mestre que lhe desse seu carro a fim de que se tivesse um féretro externo[159]. Respondeu-lhe o Mestre: Aos olhos de um pai, um filho é sempre um filho, seja ou não dotado. Quando morreu o meu Li[160], havia um simples caixão, mas não um féretro externo. Devia eu ir a pé procurar um? Fui da comitiva de grandes ministros, e minha posição proibia-me ir a pé.

8 Por ocasião da morte de Yan Hui, lamentou-se o Mestre: Oh! É minha morte, é minha própria morte que quis o Céu[161]!

9 Quando morreu Yan Hui, o Mestre chorou sua dor, abandonando toda a reserva. Disseram-lhe os discípulos: Mestre, excessiva é a vossa dor. Respondeu ele: É mesmo? Se há um homem digno de ser assim pranteado, esse realmente é Yan Hui!

10 Na morte de Yan Hui, quiseram os discípulos fazer-lhe funerais de grande pompa. Disse o Mestre: Não seria conveniente[162]. Não obstante, os discípulos enterraram-no com grande pompa. Disse-lhes o Mestre: Hui sempre me tratou como a um pai, e não posso tratá-lo como a um filho. O erro está em vós, discípulos, não em mim.

---

158. Cf. VI, 2.

159. Conjunto de vigas entrecruzadas que servia para proteger o caixão propriamente dito.

160. Li ou Boyu, filho de Confúcio. Morreu com aproximadamente cinqüenta anos.

161. Confúcio contava bastante com seu melhor discípulo para transmitir seus ensinamentos e perpetuar seu Caminho.

162. Sendo Yan Hui pobre, teria sido impróprio enterrá-lo como rico; cf. XI, 7, onde Li, o próprio filho de Confúcio, é enterrado em pobreza.

11 Pergunta Zilu de que forma convém servir aos espíritos. Diz-lhe o Mestre: Enquanto não se sabe servir aos homens, como se pode servir aos manes deles? Interroga-o Zilu, então, sobre a morte. Responde o Mestre: Enquanto não se sabe o que é a vida, como se pode saber o que é a morte?

12 Quando ao pé do Mestre, Min Ziqian mostra-se direito e digno; Zilu, bravo e audacioso; Ran Qiu e Zigong, cheios de cordialidade. O Mestre fica contente. Um dia, diz: Zilu não é homem de morrer na cama[163].

13 No momento em que se reconstruiu de novo a Grande Tesouraria de Lu, Min Ziqian propôs: E se ela fosse restaurada tal como era antes? Por que reedificá-la totalmente? Diz o Mestre: Esse homem fala pouco, mas, quando fala, cada palavra acerta o alvo[164].

14 Diz o Mestre: Que faz aqui junto a mim a cítara de Zilu?[165] A partir desse dia, os outros discípulos deixam de ter consideração por Zilu. O Mestre acrescenta: Digamos que Zilu atingiu a escadaria externa da entrada, mas ainda não penetrou na morada do sábio[166].

15 Zigong: De Zizhang e Zixia, qual é o melhor?
O Mestre: Zizhang vai longe demais, Zixia não vai tanto.
Zigong: Então, o melhor é Zizhang?
O Mestre: Ir longe demais não é melhor que não ir tanto.

---

163. Se estas palavras constituem realmente uma profecia, esta realizou-se na morte brutal de Zilu, em 480 A.C., durante as lutas pela sucessão ao trono de Wei.

164. Isto se passa após a usurpação do poder em Lu. A Grande Tesouraria fora a residência e fortaleza do duque Zhao contra as atitudes do clã Ji. É, pois, verossímil que Confúcio aprove as palavras de Min Ziqian, por seu caráter legalista e legitimista.

165. Confúcio acha a música de Zilu demasiado agressiva para seu gosto.

166. Zilu possui a bravura, uma das três virtudes capitais do homem de bem, mas não as outras duas, a sabedoria e o *ren* (cf. IX, 28 e XVI, 30).

16 O chefe do clã Ji é mais rico do que jamais o foi o duque de Zhou, e no entanto Ran Qiu emprega-se junto a ele como cobrador e recolhedor de impostos, não fazendo, assim, senão acrescentar à sua fortuna[167].
Diz o Mestre: Não é mais meu discípulo. Meus amigos, tocai o tambor, denunciai-o publicamente, estou convosco.

17 Zigao era lento para compreender; Mestre Zeng, desprovido de fineza; Zizhang, demasiado formal e Zilu, excessivamente brusco.

18 Diz o Mestre: Vede Hui, e vede Zigong! O primeiro quase chegou à perfeição, aceitando estar o mais constantemente na indigência. O segundo, descontente com sua sorte, soube enriquecer nos negócios: seus cálculos, é verdade, mostram-se quase sempre exatos.

19 Zizhang quer saber o que é o Caminho do homem bom. Responde o Mestre: A menos que caminhe pelas pegadas dos Antigos, ninguém pode penetrar na morada do sábio[168].

20 Diz o Mestre: Ouço alguém falar com gravidade. É realmente um homem de bem? Não será apenas uma máscara?

21 Zilu: Quando acabamos de aprender um preceito, devemos pô-lo em prática imediatamente[169]?
O Mestre: Tens ainda teu pai e teu irmão mais velho. Não estão eles aí para aconselhar-te antes de tudo?
Ran Qiu faz a mesma pergunta. Responde o Mestre: Sim, é preciso colocá-lo em prática imediatamente.
Intervém Zihua: Quando Zilu vos perguntou se um preceito deve ser aplicado assim que o tenhamos aprendido, vós lhe respondestes: Teu pai e teu irmão mais velho estão aí para aconselhar-te, enquanto que, a Ran Qiu, respondestes simplesmente: Sim,

---

167. Cf. VI, 3.
168. Cx. XI, 14.
169. Cf. V, 13.

imediatamente. De minha parte, não sei mais que pensar. Posso perguntar-vos vossas razões?

O Mestre: Ran Qiu não ousa avançar, por isso eu quis dar-lhe um empurrão; Zilu, esse tem um ardor que vale por dois, e, portanto, eu devia pôr-lhe freio[170].

22 No momento em que o Mestre foi ameaçado de morte em Kuang[171], percebeu-se que Yan Hui não mais o seguia. Encontrando-o, disse-lhe o Mestre: Eu te acreditei morto. Respondeu Yan Hui: Vivendo vós, como ousaria eu morrer[172]?

23 Ji Ziran[173]: Não diríeis que Zilu e Ran Qiu são grandes ministros?

O Mestre: Eu achava que me fôsseis perguntar sobre alguém excepcional, e falais-me de Zilu e Ran Qiu! O grande ministro é aquele que não serve a seu príncipe senão em total conformidade com o Caminho, e que, desde que isso se lhe torne impossível, retira-se. Desse ponto de vista, Zilu e Ran Qiu dão ministros passáveis, não mais.

Ji Ziran: Pode-se ao menos ter certeza de que eles obedecerão às ordens?

O Mestre: Se se trata de assassinar seu pai ou seu príncipe, não.

24 Zilu faz com que Zigao[174] obtenha o cargo de governador de Bi[175]. Diz o Mestre: É causar grande mal a ele e a seu pai. Zilu retruca: Em Bi, ele terá de ocupar-se do povo, dos funcionários

---

170. Pela maneira segundo a qual Confúcio amolda seu ensinamento segundo o interlocutor, cf. II, 5, 6 e 7.

171. Cf. IX, 5.

172. Yan Hui manifesta assim sua fé na missão do Mestre, Cf. XI, 8.

173. Irmão mais novo de Ji Huanzi e tio de Ji Kangzi. Cobiçando ele também o trono de Lu, começou por recrutar conselheiros, entre os quais os dois discípulos em questão, sobre os quais busca a aprovação do Mestre.

174. Cf. XI, 17.

175. Cf. VI, 7.

e dos Altares da Terra e do Grão[176]. Por que deveria ele ser versado nos livros antes de passar por "instruído"?
Diz o Mestre: Ah, é essa impertinência que me faz detestar as línguas bem postas[177]!

25 Um dia, estando sentados ao pé do Mestre Zilu, Zeng Xi[178], Ran Qiu e Zihua, diz-lhe este último: Esquecei por um instante que sou mais velho que vós. Estais, no momento, sem emprego, e dizeis: Ninguém reconhece nossos méritos. E, se alguém os reconhecesse, que faríeis?[179]
Zilu, sem hesitar: Dai-me um Estado de mil carros de guerra[180], acuado entre grandes potências, ou mesmo invadido por tropas inimigas ou minado pela fome e a penúria; pois bem, garanto-vos que, no espaço de três anos, levo todo o povo à bravura e ao conhecimento do bem!
O Mestre sorri e volta-se para Ran Qiu: E tu, que farias?
Ran Qiu: Dai-me um território que não ultrapasse as sessenta ou setenta, ou de preferência as cinqüenta ou sessenta *li* quadradas[181], e, em três anos, posso fazer com que ao povo nada falte. Mas no que concerne aos ritos e à música, confio-me a um verdadeiro homem de bem.
O Mestre: E tu, Zihua?
Zihua: Não digo que fosse capaz, mas quero muito que me ensinem. Minha única ambição é a de figurar, nas cerimônias do Grande Templo ou nas coletas de vasos, como pequeno oficiante, em túnica reta e coifa negra.
Por fim, o Mestre volta-se para Zeng Xi. Este, durante todo esse tempo, tocou docemente na sua cítara, cujas notas pouco a pouco

---

176. Quer dizer, do governo; cf. III, 21.

177. Zilu mostra-se tanto mais impertinente ao devolver a Confúcio uma de suas próprias máximas (cf. I, 7 e 14).

178. Pai de Mestre Zeng.

179. Cf. V, 7 e 25.

180. Cf. I, 5.

181. Um *li* antigo equivale a 576m, e teríamos portanto, 2.000 hectares.

se apagam. Ele a larga e se levanta: Receio bastante que minha escolha seja muito diferente.

O Mestre: Que mal há nisso? Aqui estamos para dizer, cada um, nossos projetos.

Zeng Xi: Meu maior desejo é ir, ao fim da primavera, quando prontas as roupas de festa, em companhia de cinco ou seis jovens em idade de usar a coifa, e de seis ou sete rapazes, purificar-me nas águas de Yi[182], desfrutar a brisa nos Altares da Chuva[183], e depois recolher-me cantando.

O Mestre, com profundo suspiro: Concordo com Zeng Xi.

Os três primeiros discípulos saem. Zeng Xi fica, e pergunta ao Mestre: Que vos parece do que eles disseram?

O Mestre: Muito bem, cada qual expôs suas intenções, não é?

Zeng Xi: Por que sorristes do que disse Zilu?

O Mestre: É pelo ritual que se governa um Estado[184]. Ora, as palavras dele eram totalmente destituídas da humildade que cativa o coração. Eis por que sorri.

Zeng Xi: E, não obstante, era realmente de um Estado que Ran Qiu[185] falava?

O Mestre: Sem dúvida; já viste um "território" de sessenta ou setenta, ou mesmo de cinqüenta ou sessenta *li* quadradas, que não seja um Estado?

Zeng Xi: Zihua também tinha em vista um Estado?

O Mestre: Como não! As cerimônias no Grande Templo e outras reuniões não podem ter lugar sem soberanos. Ora, se Zihua não pode nelas tomar parte, por pequena que seja, que outro poderia tomar a grande?

---

182. Rio do Shandong.

183. Onde se executavam, principalmente na primavera, danças e sacrifícios para conjurar a seca.

184. Sobre o sentido político do ritual e da humildade (classe), cf. nota de IV, 13.

185. Subentenda-se: Por que não sorristes? É que, ainda que tendo em vista o mesmo que Zilu, Ran Qiu e Zihua exprimiram-se com humildade.

LIVRO XII

Da Arte de Governar

1 Que é o *ren*[186]?
Yan Hui faz a pergunta ao Mestre, que lhe responde: O homem de *ren* é aquele que se esforça por aplicar-se ao ritual; quem quer que se mostrasse capaz, ainda que por um único dia, veria o povo todo honrar-lhe o *ren*. Não é antes por si mesmo do que pelos outros que é preciso atingir a realização?
Yan Hui: Poderíeis indicar-me a conduta a seguir?
O Mestre: Àquele que é contrário ao ritual, não lhe prestes atenção, não o escutes; àquele que é contrário ao ritual, não lhe fales, e, com mais razão, não o imites em teus atos.
Yan Hui: Não sou muito inteligente, mas farei o melhor possível para aplicar este preceito[187].

2 Ran Yong[188] faz a mesma pergunta. Diz o Mestre: Em público, comporta-te sempre como em presença de um convidado distinto. No governo, trata o povo com toda a gravidade daquele que participa de um grande sacrifício. O que não gostarias de que te fizessem, não o inflijas aos outros[189]. Dessa forma, nenhum ressentimento ser-te-á dirigido, estejas tu ao serviço do Estado ou de uma grande família.

---

186. Cf. II, 5, 6, 7 e 8: Que é piedade filial?

187. Fórmula de polidez para agradecer a um mestre o ensinamento recebido. Cf. parágrafo seguinte.

188. Cf. V, 4; VI, 1 e 4.

189. Cf. V, 11 e XV, 23.

Ran Yong: Sou bem pouco inteligente, mas farei o melhor possível para aplicar este preceito.

3 Chega a vez de Sima Niu[190]. Diz-lhe o Mestre: O homem de *ren* é um homem que pouco fala.
Sima Niu: Falar pouco; é, pois, nisso que consiste o *ren*?
O Mestre: Já não é fácil agir segundo o *ren*, como o seria falar dele[191]?

4 Sima Niu: Que é um homem de bem?
O Mestre: O homem de bem é aquele que não tem nem inquietações nem medos[192].
Sima Niu: Nem inquietações, nem medos – então é isso o homem de bem?
O Mestre: Se, olhando para si mesmo, não encontra qualquer nódoa, que inquietações, que medos poderia ter?

5 Sima Niu, com ar sombrio: Todo mundo tem irmãos, sou o único a não tê-los mais[193]!
Zixia[194]: Sempre ouvi dizer isto:

> "A vida e a morte, fixa-as o destino
> As honrarias e riquezas, distribui-as o Céu".

O homem de bem cumpre seu dever sem falhar, trata os outros com respeito e domina o sentido do ritual. Para ele, entre os Quatro Mares[195], todos os homens são irmãos. Seria, pois, próprio de um homem de bem lamentar-se por não ter irmãos?

---

190. Originário de Song, irmão mais novo de Huan Tui (cf. VII, 22).

191. É evidente que Confúcio não considera Sima Niu bastante maduro para ouvir falar do *ren*.

192. Cf. VII, 36.

193. Sima Niu provavelmente pensa em seu irmão mais velho, Huan Tui, que, como ministro da Guerra de Song, fomenta uma rebelião, e que, em conseqüência, "não é mais seu irmão".

194. Cf. I, 7.

195. No interior do mundo conhecido.

6 Pergunta Zizhang em que consiste a clarividência.
O Mestre: É clarividente aquele que não se deixa influenciar nem pela ação corrosiva da calúnia, nem pelo sabre afiado da acusação. Eu diria ainda mais: é qualquer um que veja longe.

7 Zigong: Que é governar?
O Mestre: É velar para que o povo tenha suficientes víveres, suficientes armas, e assegurar a sua confiança.
Zigong: E, se fosse preciso prescindir de uma dessas três coisas, qual seria?
O Mestre: As armas.
Zigong: E se de duas outras, qual ficaria?
O Mestre: Os víveres. Sempre, os homens estão sujeitos à morte. Mas, sem a confiança do povo, nenhum Estado poderia resistir.

8 Ji Zicheng[196]: O homem de bem é tal por natureza, por faltar-lhe ainda a cultura?*
Zigong: Sois um homem de bem, mas falastes depressa demais: "não se recupera mais uma palavra solta, mesmo em quadriga". A cultura é tão importante quanto a natureza, assim como esta não é menos importante que aquela: uma vez raspado o pêlo, a pele dum tigre ou de um leopardo não vale mais que uma pele de cão ou de carneiro[197].

9 O duque Ai[198] pergunta a Mestre You[199]: Este ano, as colheitas foram desastrosas, e o Estado não está arrecadando o suficiente para prover às suas necessidades. Que fazer?
Mestre You: Não tendes o dízimo[200]?

---

196. Alto funcionário de Wei.
197. Cf. VI, 16.
198. Cf. II, 19.
199. Cf. I, 2.
200. A instituição do imposto predial em Lu é tradicionalmente datada de 594 A.C.
* Mais ou menos dezessete séculos depois, Rousseau colocaria o mesmo conceito, em sua teoria do Homem Selvagem: "O homem é bom, a sociedade o corrompe". (N.T.)

O duque Ai: Mesmo com o novo imposto de dois décimos, estou longe de ter o suficiente, e vós me falais do dízimo?

Mestre You: Se os camponeses têm o bastante, como pode o soberano ser o único a não tê-lo? E, se os camponeses estão na indigência, como pode ser ele o único a ter abundância?

10 Zizhang: Que fazer para fortificar-se a virtude e vencer a ilusão?

O Mestre: Fortificar a virtude é ater-se à palavra e à leàldade como princípios, e ao Justo como fim supremo de suas ações. Quanto à ilusão, eis um exemplo: amar alguém e desejar-lhe a saúde, depois odiá-lo e desejar-lhe mil mortes; querer um dia a vida dele, e, no dia seguinte, sua morte.

> "Oh, não por sua riqueza, certamente,
> Mas por sua diversidade, nada mais[201]".

11 O duque Jing de Qi[202] interroga Confúcio sobre a arte de governar. Confúcio responde-lhe: Que o soberano se comporte como soberano, o ministro como ministro, o pai como pai e o filho como filho.

O duque: Como isto é justo! Assim, num país onde o soberano não aja como soberano, o ministro como ministro, o pai como pai e o filho como filho, presumo eu que os celeiros ficariam tão cheios que não se teria a certeza de desfrutá-los?

---

201. *Livro das Odes*, nº 188, em que uma jovem casada lamenta-se da inconstância de seu marido, que já pensa em outra mulher, não pela fortuna desta, mas pelo simples prazer de mudar.

202. Confúcio seguiu para Qi em 517 A.C., na idade de trinta e cinco anos. O duque Jing devia morrer em 490, último de uma grande linhagem de soberanos ativos e poderosos. Teve por Primeiro-Ministro Yan Pingzhong (cf. V, 16). Os últimos anos de seu reinado foram perturbados pelas intrigas do clã Chen, que tornou a pôr em discussão a relação soberano-ministro e pelas disputas de sucessão entre seus filhos, que insultavam a relação filial. A resposta de Confúcio ficou célebre.

12 Diz o Mestre: Se há um homem capaz de decidir um litígio com uma só palavra, esse é Zilu.
Zilu nunca deixa para amanhã o cumprimento de uma promessa.

13 Diz o Mestre: Não sou melhor nem pior que outrem no que concerne a instruir um processo. Seria, porém, ideal não ter absolutamente qualquer processo.

14 Zizhang indaga sobre as atribuições do administrador. Diz o Mestre: Deve aplicar nisso seu espírito sem descanso e desempenhar-se com toda a lealdade.

15 Diz o Mestre: Aquele que, ampliando sem cessar seus conhecimentos, é capaz de ordená-los segundo o ritual, não virá a trair o Caminho[203].

16 Diz o Mestre: O homem de bem contribui para que se cumpra o que os outros têm de bom, não o que têm de mau. O homem vulgar faz exatamente o contrário.

17 Ji Kangzi: Que é governar?
Confúcio: Governar é aprumar o leme[204]. Se o mantiverdes direito e firme, quem ousará desviá-lo?

18 Ji Kangzi, vendo o país infestado de ladrões, pede conselho a Confúcio. Responde-lhe este: Se simplesmente não fôsseis cúpido vós mesmo, vós os pagaríeis para que não roubassem mais.

19 A propósito da arte de governar, Ji Kangzi pergunta: Que diríeis de executar os que infringem o Caminho, para dar direito aos que se lhe amoldam?
Confúcio: Então, para governar é preciso matar? Escolhei vós mesmo o bem, e o povo será melhor[205]. A virtude do homem de

---

203. Repetição quase literal de VI, 25.

204. Procuramos, para a tradução, um equivalente do chinês: o caractere *zheng* "governar" tem, por componente principal, *zheng* "retificar", ("corrigir"), "retidão". Esta glosa está na base do pensamento político de Confúcio. (cf. Introdução).

205. Cf. VII, 29.

bem é poderosa como o vento, a do homem vulgar, frágil como a erva, que, sob o vento, verga-se e se deita.

20 Zizhang: Quando se pode dizer que um cavalheiro adquiriu autoridade?
O Mestre: Que entendes por cavalheiro?
Zizhang: Entendo qualquer um que tenha a certeza de fazer falar de si, seja a serviço de um Estado ou de um clã.
O Mestre: Queres, pois, falar de notoriedade, não de autoridade. Ser probo por natureza, amar o Justo, saber analisar uma conversa, observar uma expressão, inclinar-se diante dos outros, eis o meio de adquirir autoridade, seja em um Estado ou em um clã. Quanto à notoriedade, portar uma máscara da *ren,* logo desmentida por seus atos, e conservar-se sem duvidar de si mesmo um só instante, eis o meio de adquiri-la, em um Estado ou em um clã.

21 Um dia, passeando com o Mestre sob as árvores próximas dos Altares da Chuva[206], Fan Chi[207] pergunta-lhe: Que é preciso fazer para fortificar a própria virtude, extirpar os vícios e triunfar da ilusão[208]?
O Mestre: Excelente pergunta! Ater-se à tarefa ao invés de pensar na recompensa[209] não é fortificar a própria virtude? Ater-se aos próprios vícios, não aos dos outros, não é o meio de os extirpar? Quanto à ilusão, eis apenas um exemplo: num acesso de cólera, ficar fora de si a ponto de ameaçar a segurança de seus pais[210]?

---

206. Cf. XI, 25.
207. Cf. II, 5 e VI, 20.
208. Cf. XII, 10.
209. Cf. VI, 20.
210. Como em XII, Confúcio não apresenta um remédio para a ilusão, mas sim um exemplo, que considera de efeito mais direto*.

* No que o Mestre se revela mais uma vez um grande "psicólogo", segundo o nosso conceito moderno. Afinal, fala-se na ilusão de cada homem, e não em uma Ilusão comum a todos os homens. O manejo dessa faceta de cada homem faz parte de seu aprendizado da Excelência. Sócrates evoca repetidamente o mesmo princípio, no "Conhece-te a ti mesmo" (N.T.).

22 Fan Chi: Que é o *ren*[211]?
O Mestre: É amar os homens.
Fan Chi: E a sabedoria?
O Mestre: É conhecer os homens. (Vendo Fan Chi perplexo) É saber escolher os homens direitos e colocá-los acima dos homens perniciosos[212] para que estes sejam corrigidos.
Fan Chi, ao deixar o Mestre, encontra Zixia: Acabo de ver o Mestre e de interrogá-lo sobre a sabedoria. Respondeu-me: É saber escolher os homens direitos e colocá-los acima dos homens perniciosos, para que estes sejam corrigidos. Que achas disso?
Zixia: Que riqueza nessas poucas palavras! Quando Shun[213], que se tornou mestre do mundo, distinguiu Gao Yao da multidão, elevando-o à categoria de ministro, os homens privados de *ren* se afastaram. Quando Cheng Tang[214], tornado mestre do mundo, distinguiu Yi Yin, elevando-o à categoria de ministro, os homens privados de *ren* desapareceram.

23 Zigong indaga sobre a amizade. Diz-lhe o Mestre: Um amigo deve ser aconselhado com lealdade e guiado com tato. Se isso se torna impossível, não é preciso insistir, nem esperar para se ver insultado.

24 Diz o Mestre Zeng: O homem de bem, graças à sua cultura, vale-se de seus amigos, e, através da amizade, faz prevalecer o *ren*[215].

---

211. Cf. VI, 20, onde Fan Chi faz as mesmas perguntas.
212. Cf. II, 19.
213. Cf. Introdução.
214. Cf. Introdução.
215. É pelo estímulo e pela emulação recíprocas da amizade que podemos aproximar-nos do *ren*. O *ren*, como ideal do "homem entre os homens", é um tema freqüente dos *Diálogos** (cf. IV, 1 e IX, 29)

* O mesmo princípio de educação (Paidéia) mediante o exemplo, a emulação recíproca entre educandos e entre educadores e educandos é, em certa fase, o cerne da Pedagogia grega, e, posteriormente, também da latina (por exemplo, Cícero). (N.T.).

LIVRO XIII

Dos Sábios Reis

1 Zilu: Que é governar?
O Mestre: Mostrar o exemplo, o exemplo do trabalho.
Zilu: Que mais?
O Mestre: Jamais se cansar.

2 Ran Yong, nomeado intendente-geral pelo chefe do clã Ji, indaga sobre a arte de governar.
O Mestre: Começa por mostrar a teus subalternos suas atribuições. Sabe perdoar-lhes seus pequenos deslizes. Procura promover os mais capazes.
Ran Yong: Mas, antes de promovê-los, como distingui-los dos outros?
O Mestre: Escolhe aqueles que conheces. Se houver outros, que não conheças, achas que se os negligenciará por muito tempo?

3 Zilu: Supondo-se que o príncipe de Wei conte convosco para ajudá-lo a governar, que faríeis em primeiro lugar?
O Mestre: Sem dúvida, uma retificação dos Nomes[216].

---

216. Trata-se da célebre expressão *zheng ming* (literalmente: retificar os nomes). A propósito de *zheng* "governar" e *zheng* "retificar", cf. nota de XII, 17. Esta retificação parece visar ao ideal exposto em XII, 11: "Que o soberano se comporte como soberano (quer dizer: Que não seja soberano de nome, apenas, mas também de verdade), o ministro como ministro, etc." Sobre essa questão da relação entre nome e realidade, cf. nota de VI,

Zilu: Será que ouvi bem? Mas, Mestre, não compreendeis! Uma retificação dos Nomes, dizeis?

O Mestre: Zilu, como pareces grosseiro! O homem de bem, quando não conhece o assunto de que se fala, prefere calar-se. Se os Nomes estiverem incorretos, não se pode manter um discurso coerente. Se a linguagem é incoerente, os negócios de Estado não se podem regrar. Se se descurar dos negócios, os ritos e a música não podem desabrochar. Se a música e os ritos forem negligenciados, as penas e os castigos não poderão ser distribuídos com justiça. Se os castigos forem desprovidos de eqüidade, o povo não sabe mais com que música dançar. Eis por que o homem de bem não usa Nomes senão quando impliquem um discurso coerente, e não mantém discurso senão o que se aplique na prática. Eis por que o homem de bem é tão prudente naquilo que diz.

4 Fan Chi roga ao Mestre que lhe ensine a agricultura[217]. O Mestre: Para isso, dirige-te antes a um velho camponês. Fan Chi pede-lhe então instruções sobre jardinagem. O Mestre: Para isso, melhor farias em ir ver um velho jardineiro.

Ao sair o discípulo, exclama o Mestre: Um homem bem vulgar, esse Fan Chi! Que os governantes se atenham ao ritual, e não se encontrará entre o povo ninguém que o infrinja; que se atenham ao Justo, e não haverá um sinal de insubmissão; que se atenham à boa-fé, e ninguém ousará falar contra a verdade. Assim é que eles verão chegar a si, de todas as facções de todo o povo, as mães

---

23. Os Nomes (*ming*) não são, pois, apenas signos lingüísticos, senão também símbolos políticos e morais que regulam o sistema hierárquico, ritual, judiciário, etc. (cf. IX, 14). O Nome é investido de um poder, de uma eficácia "política", no sentido mais amplo do termo. Aliás, é permitido supor-se nesta passagem uma influência legista (cf. Introdução).

217. Fan Chi está provavelmente em serviço, e, como o aldeão de XII, 2, e o ministro de XII, 6, pensa que, sendo Confúcio um sábio, deve ter conhecimento e domínio de todos os assuntos, compreendendo-se entre estes os mais especializados.

acorrendo com os filhos às costas. De que lhes serviria saber cultivar a terra[218]?

5 Diz o Mestre: Podes, dizes tu, recitar de cor as trezentas Odes[219]? Mas, imagina que, contratado para um cargo, não lhe estejas à altura, ou que, enviado em missão ao estrangeiro, não saibas responder por tua própria autoridade: de que te servirá toda a tua literatura?

6 Diz o Mestre: O soberano encarna a retidão? Ninguém tem necessidade de suas ordens para que tudo vá bem. Ele não a encarna? Multiplicaria então as ordens, sem que em nada lhe obedecessem.

7 Diz o Mestre: Em sua forma de governo, Wei e Lu permanecem irmãos[220].

8 O Mestre considera Gongzi Jing, de Wei, como excelente dono de casa. No começo, recém-instalado, já se declarava contente: "É

---

218. A resposta de Confúcio retoma o tema tradicional da distribuição do trabalho entre o povo (trabalho manual, "especializado") e os governantes ou "homens de bem" (trabalho moral, visão geral da política a seguir)*. Ainda uma vez, não se trata de uma distinção social, mas moral. Pode-se supor que Fan Chi, ele mesmo, tenha sido influenciado por teorias aparentadas à assim chamada "Escola de Agricultura", pela qual "o soberano deveria trabalhar a terra lado a lado com o povo".

219. Cf. II, 2.

220. Enquanto Lu e Qi são irmãos inimigos (cf. VI, 22), Lu e Wei são irmãos autênticos, já que se outorgam uma mesma tradição, na pessoa de dois irmãos – Lu, na pessoa do duque Dan de Zhou (cf. Introdução), e Wei na de seu irmão Feng.

* Essa distinção "moral", que repousa na origem mesma de todo o processo posterior de luta de classes, ocorre invariavelmente no Oriente e no Ocidente, tão logo transporta a fase do "rei agrário" – na maioria dos povos da Europa e Ásia, em fins do Neolítico superior. Na Grécia, a teorização da divisão de atribuições revestiu-se do mesmo pretexto. E bem mais tarde Aristóteles teoriza: "Os homens dividem-se naturalmente em escravos e senhores..." (N.T.)

tudo o que eu desejava." Depois, tornando-se a sua situação mais confortável: "Está muito bem assim." Por fim, tendo ficado rico: "Agora, é mais do que bastante."

9 O Mestre segue para Wei, conduzido em carro por Ran Qiu. Espanta-se com a densidade da população. Ran Qiu pergunta-lhe: Eles já são em grande número, que se pode fazer ainda por eles?
O Mestre: Dar-lhes a prosperidade.
Ran Qiu: E se fossem ao mesmo tempo numerosos e prósperos, que se poderia ainda fazer por eles?
O Mestre: Educá-los[221].

10 Diz o Mestre: Se apenas um príncipe qualquer me tomasse a seu serviço, por um ano só que fosse, eu faria bom trabalho; em três anos, poderia realizar uma forma de governo durável.

11 Diz o Mestre: "Só depois de cem anos de governo de bons soberanos poder-se-ia acabar com os crimes e com a pena de morte"; que grande verdade!

12 Diz o Mestre: Mesmo com o advento de um Sábio Rei[222], seria ainda preciso esperar uma geração para ver reinar o *ren*.

13 Diz o Mestre: O homem formado na retidão, que dificuldade terá para governar? Quanto ao homem incapaz de retidão, como pretenderia ele corrigir os outros[223]?

14 Um dia, voltando Ran Qiu da Corte, pergunta-lhe o Mestre: Por que tão tarde?
Ran Qiu: Havia negócios de Estado na ordem do dia.

---

221. Para a educação do povo pelo soberano, cf. os parágrafos 29 e 30, no fim deste livro XIII.

222. Para os Sábios Reis da Antigüidade, cf. Introdução.

223. Encontramos aqui o jogo sobre os dois homônimos *zheng* (cf. XII, 17). Sobre a importância da retidão na pessoa do soberano, cf. XIII, 6.

O Mestre: Dize antes negócios de família[224]; se fossem negócios de Estado, mesmo não estando mais em serviço, eu teria certamente sido informado.

15 O duque Ding[225]: Existe uma única frase que possa fazer a grandeza de um país?
Confúcio: Uma simples frase não poderia ter tal poder. Não obstante, diz-se: "Ser soberano é difícil, ser minsitro não é fácil." O soberano que compreendesse a dificuldade de sua tarefa não estaria perto de fazer, numa frase, a grandeza de seu país?
O duque Ding: Existe uma única frase que pudesse fazer a ruína de um país?
Confúcio: Uma simples frase não poderia ter tal poder. Não obstante, diz-se: "Não tenho prazer nenhum em ser príncipe, se não houver ninguém que ouse contradizer-me." No caso de os editos do príncipe serem sábios, não é preciso felicitar-se de que ninguém se lhes oponha? Em caso contrário, porém, o soberano que se desse semelhante definição, não estaria prestes a fazer, numa frase, a ruína do país?

16 O duque de She[226] pergunta quais os sinais de um bom governo.
Diz o Mestre: De perto, aplaude-se; de longe, acorre-se.

17 Zixia, nomeado governador de Jufu[227], inquire sobre a arte de governar.
Diz o Mestre: Não precipites as coisas, não te prendas aos pequenos ganhos. Quem quer precipitar as coisas não atinge sua meta; quem se atém aos pequenos ganhos, não pode resolver os grandes problemas.

---

224. Confúcio ironiza sobre o clã Ji, que acaba de usurpar o poder em Lu. Lembremo-nos de que Ran Qiu está a serviço dos Ji. (cf. III, 6).

225. Cf. III, 19.

226. Cf. VII, 18.

227. Cidadezinha na fronteira de Lu.

18 O duque de She diz a Confúcio: Havia, em meu país[228], certo Gong, chamado o Proto[229]. Tendo-se o seu pai apropriado de um carneiro, testemunhou contra ele.
Confúcio: Em nosso país, vemos as coisas de maneira diferente: o filho protege seu pai, como este protege aquele. Eis o que, para nós, tem prioridade sobre a probidade.

19 Fan Chi: Que é um homem de *ren*[230]?
O Mestre: Cortês e sério na vida privada, diligente e sério na vida ativa, leal em suas relações humanas: tal é ele, e tal continuará a ser ainda que tenha de conviver com os Bárbaros do Leste e do Norte[231].*

20 Zigong: Como definir um verdadeiro cavalheiro?
O Mestre: É aquele que tem escrúpulo em sua conduta pessoal, e que, enviado por seu príncipe ao estrangeiro, não desonra sua missão.
Zigong: Quem colocaríeis abaixo?
O Mestre: Aqueles cujos pais os louvem por sua piedade filial, e os vizinhos, por seu respeito aos mais velhos.
Zigong: E mais abaixo ainda?

---

228. Ou seja, em Chu.

229. Freqüentemente citado como parâmetro de retidão na facção de Weisheng Gao. (cf. V, 23)

230. É a terceira vez que Fan Chi coloca a questão (cf. VI, 20 e XII, 22).

231. Cf. IX, 13 e XV, 5.

* É conduta invariável, na época, entre os povós detentores de grandes civilizações, chamar "bárbaros" ao resto do mundo. Não importa que, à nossa perspectiva histórica, apresentem-se-lhes ao redor outras civilizações igualmente brilhantes. Mais ou menos nessa época, por exemplo, os persas consideravam os gregos como bárbaros incivilizados, enquanto que estes, exatamente, foram os criadores do termo e do conceito de "barbárie" por nós adotado modernamente (literalmente, vem de "bar-bar" – "os que falam bar-bar, línguas incivilizadas"). (N.T.)

O Mestre: Aqueles que não empenhem sua palavra sem a manter, e nada empreendam sem alcançá-lo: obstinação própria ao homem medíocre, mas que deve, não obstante, ser colocada em terceiro lugar.
Zigong: Afinal, que pensais dos ministros de hoje?
O Mestre: Ah, aqueles! Não têm peso, impossível levá-los a sério.

21 Diz o Mestre: À falta de adeptos apaixonados do Justo Meio-Termo[232], devemos ainda voltar-nos para os impetuosos e os escrupulosos: os primeiros, pelo menos, vão em frente, e os segundos sabem o que não se deve fazer.

22 Diz o Mestre: Diz a gente do Sul: "Quem não é constante em seus princípios[233] não daria nem um bom xamã, nem mesmo um curandeiro." Muito justo! "Quem não tem a virtude perseverante não escapará ao nefasto[234]." Em tal caso, vale mesmo a pena tentar uma adivinhação?

23 Diz o Mestre: O homem de bem conversa em harmonia, sem rebaixar-se ao compromisso; o homem vulgar transaciona no compromisso, sem chegar à harmonia[235].

24 Zigong: Que diríeis de um homem amado por todos os seus vizinhos?
O Mestre: Que isso não prova nada.
Zigong: E de um homem odiado por todos os seus vizinhos?
O Mestre: Isso, igualmente, nada prova. Mais vale aquele que, em sua aldeia, é amado pelos homens bons e odiado pelos maus.

---

232. Cf. V, 21 e VI, 27.
233. Cf. VII, 25.
234. *Livro das Mutações,* 32º hexagrama.
235. Para o contraste entre o homem de bem e o homem vulgar, este parágrafo e seguintes, cf. II. 14.

25 Diz o Mestre: O homem de bem é fácil de servir, difícil de lisonjear. Experimentai ajudá-lo: por pouco que custe ao Caminho, é trabalho perdido. Mas ele sabe indicar a cada um a tarefa de que cada um é capaz. O homem vulgar, a esse é difícil servir, fácil adular. Bajulai-o à vontade: o que quer que custe ao Caminho, facilmente o ganhareis. Mas, se ele vos emprega, há de esperar que saibais fazer de tudo.

26 Diz o Mestre: O homem de bem é, por natureza, grande senhor, sem ter necessidade de dar-se ares; o homem vulgar dá-se constantemente grandes ares, sem passar jamais por um figurão.

27 Diz o Mestre: Inflexível, resoluto, simples de alma e avaro de palavras: tal é aquele que está próximo do *ren*.

28 Zilu: A quem se pode chamar um cavalheiro?
O Mestre: É um homem que sabe ser, ao mesmo tempo, crítico, exigente e benevolente; crítico e exigente em relação a seus amigos, benevolente em relação a seus irmãos.

29 Diz o Mestre: Que o povo receba a instrução de um bom soberano durante sete anos, e fará face a tudo, mesmo à guerra.

30 Diz o Mestre: Na ausência de uma tal instrução, levar o povo à guerra é levá-lo à sua perdição.

LIVRO XIV

Dos Contemporâneos

1 Yuan Si[236] indaga o que se deve considerar como vergonhoso. Diz o Mestre: É não pensar senão no salário, seja ou não o país governado segundo o Caminho.

2 Viver livre de toda a vontade de poder, de toda a presunção, de todo rancor e de toda a cobiça, é chegar ao *ren*? Diz o Mestre: Isso até que é coisa difícil[237], mas pode-se nesse caso falar de *ren?* Não sei.

3 Diz o Mestre: Um cavalheiro demasiado afeiçoado a seu bem-estar não é digno deste nome[238].

4 Diz o Mestre: Se o país é conforme ao Caminho, tem a coragem de tomar posição tanto em palavras quanto em ações. Caso contrário, ao agires abertamente, põe prudência em tuas palavras.

5 Diz o Mestre: Que o homem dotado de força moral o seja igualmente de eloqüência não significa, absolutamente, que o homem dotado de eloqüência o seja também de força moral. Que o homem de *ren* possua a bravura não significa, absolutamente, que o bravo possua o *ren*.

---

236. Cf. VI, 3.
237. Cf. VI, 20.
238. Cf. IV, 9 e 11.

6 Nan Gongguo[239], dirigindo-se a Confúcio: Yi era muito hábil no tiro com arco. Ao[240] impeliu sozinho um navio em terra firme: foram, ambos, consagrados a uma morte violenta. Yu e Ji[241] participaram eles próprios dos trabalhos dos campos: foram mestres do universo.

De momento, o Mestre não responde, mas, uma vez que Nan Gongguo sai, exclama: Ah, eis um homem de bem, para o qual só a força moral importa[242]!

7 Diz o Mestre: Pode dar-se, ai de mim, que a um homem de bem falte o *ren*. Mas, que um homem vulgar o possua, isso é a coisa impossível.

8 Diz o Mestre: Como falar de afeição por alguém, se dele não se exige bastante? Como falar de lealdade para com alguém, se nos abstemos de prestar-lhe conselho[243]?

---

239. Sua identidade não é certa. É, contudo, provável que pertencesse a uma grande família de Lu.

240. Yi e Ao são dois heróis legendários, os Hércules chineses*.

241. Yu e Ji são os "santos patronos" da agricultura na China. O primeiro é o Grande Yu de VIII, 21, que secou as terras, e o segundo foi ministro da Agricultura de Yao e Shun.

242. A força moral (*de*) de Yu e Ji, em oposição à força puramente física (*li*) de Yi e Ao; cf. nota de IV, 6.

243. A afeição é a afinidade total entre pai e filho, soberano e povo. A lealdade é a total afinidade entre ministro e soberano.

* Ao, cujas atribuições variam um pouco segundo cada fonte, é, no mais das vezes, tido como o protetor genérico dos heróis, que geralmente se reveste da aparência de uma tartaruga gigante. Yi, também chamado "O Grande Arqueiro", figura, na mitologia chinesa, como o herói que evita uma grande catástrofe. Ele teria, de uma só vez, com seu arco – daí o epíteto – "derrubado cinco (ou sete) sóis que ameaçavam destruir a Terra com seu calor desmesurado". Como o tema recorre, com ligeiras variações, em mitologias de povos da África, Ásia, Europa, América e Oceânia, alguns estudiosos vêem nele a evocação, pelo inconsciente coletivo, de um evento cósmico real. (N.T.)

9 Diz o Mestre: Quando precisava promulgar um édito[244], Pi Chen propunha o projeto, que Shishu retomava a revisava; após o que, Zivu, chefe da Diplomacia, retocava-lhe o estilo, antes que Zichan de Dongli lhe desse o toque final.

10 Quem era Zichan? O mestre: Um homem generoso. E Zixi[245]? O Mestre: Ah, aquele! Nem me falai dele!
E Guan Zhong[246], que espécie de homem era ele? O Mestre: Um homem de envergadura. Arrogou-se o feudo de Pian e seus trezentos domicílios, em detrimento do chefe do clã Bo, o qual, embora reduzido a comer arroz grosseiro, jamais teve contra ele uma palavra de ressentimento[247].

11 Diz o Mestre: Viver em pobreza, sem nenhum ressentimento, é muito difícil, e comparado a isto, reinar sobre o ouro sem ser arrogante nada custa[248].

12 Diz o Mestre: Meng Gongchuo[249] daria um excelente intendente para famílias como Zhao e Wei[250], mas não daria jamais um bom ministro de Estado, fosse em Teng ou em Xie[251].

13 Zilu: Que é um homem "completo"?
O Mestre: Imagina um homem que tenha a prudência de Zang

---

244. No país de Zheng, o qual, ainda que pequeno e cercado de vizinhos poderosos, conseguiu impor-se e prosperar graças a alguns excelentes ministros. Os aqui citados exerceram mandatos na segunda metade do século VI A.C. Para Zichan, cf. V, 15.

245. Ministro de Chu, assassinado em 479 A.C. Teria recusado os serviços de Confúcio.

246. Cf. III, 22.

247. Tão grandes eram a autoridade e o prestígio de Guan Zhong.

248. Este parágrafo parece referir-se diretamente ao precedente, ilustrando o chefe do clã Bo o primeiro caso, e Guan Zhong, a crer-se em III, 22, não ilustrando, por certo, o segundo.

249. Político de Lu, contemporâneo de Confúcio.

250. No país de Jin.

251. Estados muito menores que Lu.

Wuzhong[252], a probidade de Meng Gongchuo, a bravura de Zhuanzi de Bian, e a competência de Rain Qiu; remata-o com a prática dos ritos e da música, e poderás qualificá-lo de completo.
Hoje em dia, porém, guarda bem, sem dúvida não se exige tanto. Aquele que estiver pronto, em nome do Justo, a renunciar a um benefício, e até a colocar em jogo sua vida, e que por nada no mundo se esqueça das promessas mais antigas, esse já poderia ser considerado como completo.

14 O Mestre interroga Gongming Jia sobre Gongshu Wenzi[253]: É verdade que vosso Mestre não fala, nem ri, e nem aceita nada?
Gongming Jia: Exagerou quem vos disse tal. Meu mestre só fala no momento oportuno, e também a gente não se cansa de suas palavras; não ri se não estiver verdadeiramente alegre, e por isso mesmo a gente não se cansa de seu riso; nada aceita senão com a condição de permanecer no Justo, e por isso não se encontra o que censurar-lhe.
O Mestre: Entendo-vos, mas, isso é mesmo verdade?

15 Diz o Mestre: Zang Wuzhong[254] ocupou Fang a fim de exigir do duque de Lu autorização de legá-lo a seu sucessor. Declarou não ter exercido qualquer pressão sobre o duque, mas não posso crê-lo.

16 Diz o Mestre: Tanto quanto o duque Wen de Jin[255] usava de astúcia e estratagemas, o duque de Huan de Qi[256] usava de franqueza e de retidão.

---

252. Neto de Zang Wenzhong (cf. V, 17). Serviu no reinado que precedeu o nascimento de Confúcio.

253. Ministro de Wei.

254. Cf. XIV, 13.

255. Reinou de 636 a 628 A.C.

256. Reinou de 685 a 643 A.C. Teve, por Primeiro-Ministro, o célebre Guan Zhong (cf. III, 22 e XIV, 10). O julgamento de Confúcio parece surpreendente em vista do que se segue. Jin e Qi foram dois dos "Cinco Hegemônicos", do período das Primaveras e Outonos. Os outros três foram Wei, Qin e Chu.

17 Zilu: Quando o duque Huan mandou assassinar seu próprio irmão Jiu, Shao Hu seguiu na morte seu discípulo, Guan Zhong, esse guardou-se bem. Isso não é falta de *ren?*
O Mestre: Se o duque Huan pôde reunir ao seu redor todos os vassalos do reino sem recorrer à força das armas, isso foi obra de Guan Zhong. Poder-se-ia, em verdade, mostrar mais *ren?*

18 Zigong: Não se pode dizer que Guan Zhong fosse homem de *ren.* Quando o duque Huan fez assassinar Jiu, longe de se matar, ele chegou até a tornar-se seu Primeiro-Ministro!
O Mestre: E, assim fazendo, permitiu que Huan se impusesse como chefe aos outros vassalos e restabelecesse a ordem sob o Céu. Mesmo hoje em dia, o povo ainda usufrui de seus benefícios. Sem Guan Zhong, estaríamos usando os cabelos em desalinho e a túnica rebatida à esquerda[257]! Deveria ele, pois, sujeitar-se à mesquinha fidelidade dos homens vulgares, e ir-se estrangular em um fosso, em meio à indiferença geral?

19 Quando nomeado pelo duque de Wi, Gongshu Wenzi[258] não hesitou em apresentar ao duque seu próprio intendente Zhuan, que recebeu assim grau de grande ministro.
Ouvindo isso, disse o Mestre: Bem merecia ele o nome póstumo de Wen (homem pleno[259]).

20 Tendo o Mestre feito notar o quanto o duque Ling de Wei[260] se afasta do Caminho, Ji Kangzi intervém: Se assim é, como é que ele ainda não causou a ruína de seu país?

---

257. À moda bárbara. O duque Huan, graças ao poder adquirido por Qi, conseguiu conter as grandes invasões dos Bárbaros do Norte.

258. Cf. XIV, 14. Para tornar inteligível o parágrafo, demos-lhe mais uma paráfrase do que uma tradução literal.

259. Cf. V, 14: ali, também, o atributo do homem *wen,* ou completo (acabado, arrematado), é o de saber consultar e promover até mesmo seus subordinados, se estes se mostrarem capazes.

260. Reinou de 534 a 492 A.C. Teve por concubina Nanzi (cf. VI, 26 e nota de VII, 14).

O Mestre: Tem ele Zhongshu para receber os hóspedes e as embaixadas, o grão-sacerdote Tuo[261] para oficiar no Grande Templo, e Wangsun Jia[262] para comandar os exércitos. Com tais ministros, como iria o país à ruína?

21 Diz o Mestre: Quanto mais grandiosas as resoluções, tanto mais difícil a execução delas[263].

22 Quando Chen Heng assassinou o duque Jian[264], Confúcio purificou-se[265] antes de se dirigir à Corte para informar ao duque Ai[266] nestes termos: Chen Heng acaba de assassinar seu soberano. Ouso requerer que se tomem contra ele medidas punitivas. Ao que respondeu o duque Ai: Dirigi-vos aos Três Senhores[267].

Disse Confúcio: Pertenci ao gabinete dos grandes ministros[268], por isso era de meu dever submeter-vos a questão. Ora, vós me remeteis aos Três Senhores.

Confúcio foi, então, apresentar aos Três Senhores sua petição, a qual foi rejeitada. Disse-lhes ele: Pertenci à comitiva dos grandes ministros, por isso era de meu dever submeter-vos a questão.

23 Pergunta Zilu como servir a seu príncipe. Diz o Mestre: Longe de querer enganá-lo, opõe-te a ele com toda a verdade.

---

261. Conhecido sob o nome póstumo de Kong Wenzi. (cf. V, 14).

262. Cf. VI, 14.

263. Cf. IV, 22 e XII, 3.

264. O duque Jian de Qi. Foi assassinado por seu ministro Chen Heng em 481 A.C., dois anos apenas antes da morte de Confúcio.

265. Purificação requerida antes de qualquer prece ou súplica, cf. VII, 28*

266. Cf. II, 19.

267. Chefes das três grandes famílias de Lu: Li, Shu e Meng.

268. Cf. XI, 7.

* Exigência semelhante, quanto à purificação, existia entre os hebreus e diversos outros povos, em presença (ainda que não direta) de um crime de sangue. O preceito ocorre também entre tribos da América. (N.T.)

24 Diz o Mestre: O caminho do homem de bem se orienta para o alto, o do homem vulgar, para baixo.

25 Diz o Mestre: Outrora, instruíamo-nos para nos aperfeiçoar, hoje em dia, é para buscar a aprovação dos outros.

26 Ju Boyu[269] manda pedir notícias de Confúcio. Este faz sentar-se o mensageiro e pergunta-lhe: Como vai vosso mestre, que faz ele?
O Mensageiro: Esforça-se por diminuir seus defeitos, mas ainda não chegou lá.
Uma vez só, diz o Mestre: Eis um mensageiro digno de seu mestre!

27 Diz o Mestre: Quem não é chamado a ocupar um cargo, não se envolva em conceber a organização[270].

28 Diz o Mestre Zeng: "O homem de bem nunca se permite, sequer em pensamento, não estar em seu posto[271]."

29 Diz o Mestre: A vergonha do homem de bem é ver suas palavras excederem suas ações[272].

30 Diz o Mestre: O Caminho do homem de bem consiste em três coisas, das quais ainda sou incapaz: o *ren,* que expulsa toda a inquietude, a sabedoria, que dissipa toda a incerteza, e a bravura, que libera de todo o medo[273].
Diz Zigong: Não se reconhece aí o próprio Mestre?

31 Zigong tem o costume de julgar os outros. Diz o Mestre: O venturoso! Já é tão perfeito que se dá o luxo de criticar os outros! Eu confesso que não o sou.

---

269. Ministro de Wei e discípulo de Confúcio, junto a quem este último se hospedara quando de sua estada em Wei.

270. Repetição de VIII, 14.

271. Mestre Zeng ilustra o que o Mestre acaba de dizer, citando uma velha máxima que vamos reencontrar, mais ou menos literalmente, no primeiro "Apêndice" do *Livro das Mutações,* hexagrama 52.

272. Cf. XIV, 21.

273. Cf. IX, 28.

32 Diz o Mestre: Não te preocupes com ver tuas capacidades ignoradas, mas antes com não as ter[274].

33 Diz o Mestre: Não é superior aquele que, sem viver na expectativa de ser enganado ou suspeito de má-fé, tem, não obstante, a agilidade de se dar conta a tempo[275]?

34 Weisheng Mou[276] interpela Confúcio: Meu caro, que significam estas idas e vindas, esvoaçando de cá para lá? Não será isso para alardear tua eloqüência?
Confúcio: Não tenho qualquer pretensão à eloqüência, mas nada me pesa mais que o espírito obtuso.

35 Diz o Mestre: O cavalo Ji[277] não devia seu renome à sua força física, mas à sua força de caráter.

36 Mestre, que vos parece reagir a um mal com a virtude?
O Mestre: E como, então, retribuiríeis a própria virtude? É pela retidão que se faz face a uma injustiça, mas é pela virtude que se responde à virtude.

37 O Mestre suspira: Continuo desconhecido por todos!
Zigong: E como explicais isso?
O Mestre: Não acuso o Céu, não quero os homens. Meu estudo é modesto, mas meu objetivo é alto[278]. Quem me conheceria, exceto o Céu[279]?

---

274. Cf. IV, 14.
275. Cf. VI, 24.
276. Pelo tom no qual ele repreende Confúcio, deduz-se que se trata de um velho eremita. Reprova-lhe o ir de país em país, tentando convencer os soberanos a reformarem seu govêrno. Para ele, isso é vaidade.
277. Célebre cavalo da antigüidade, que podia cobrir mil *li* (aproximadamente 600 km) num dia. Encontra-se a relação entre *li* e *de*, cf. notas de IV, 6 e XIV, 6.
278. Cf. XIV, 24.
279. Confúcio continua ciente de sua missão celeste; cf. VII, 22 e IX, 5.

38 Havendo Gongbo Liao prevenido os Ji contra Zilu, Zifu Zingbo[280] informa o Mestre: Esse Gongbo Liao conseguiu induzir em erro o senhor Ji. Mas tenho bastante poder para mandá-lo executar e fazê-lo expor em praça pública.
O Mestre: Se deve imperar o Caminho, tal é o Decreto Celeste; se deve ele malograr, é porque tal é o Decreto Celeste. Contra tal Decreto, que pode um Gongbo Liao[281]?

39 Diz o Mestre: Há sábios que vivem retirados do mundo: os melhores se furtam a uma era corrompida. Outros, menos absolutos, apenas mudam de terra. Outros, enfim, não fazem senão fugir das inconveniências de maneiras ou de linguagem.

40 Diz o Mestre: Desses, já conheço sete.

41 Zilu vem passar a noite na Porta de Pedra. O guardião pergunta-lhe: De onde vindes?
Zilu: Da escola de Confúcio.
O guardião: Ah, percebo: é aquele que se obstina em querer salvar o mundo, embora saiba que é trabalho perdido[282]?

42 Um dia, estando o Mestre a tocar as pedras musicais[283] em Wei, passa um homem diante da porta, levando sobre os ombros um cesto. Este se detém e diz: Está triste o que assim toca! Depois, acrescenta: Que obstinação nesse som monótono! Se ninguém lhe reconhece os talentos, devia ocupar-se de seus próprios negócios, eis tudo.

---

280. Gongbo Liao e Zifu Jingbo: dois ministros de Lu.

281. Cf. parágrafo anterior.

282. Este parágrafo, bem como o seguinte, atém-se mais à lenda do que aos ensinamentos do Mestre; cf. livro XVIII.

283. Instrumento clássico, que consiste numa série de pedras de diferentes grossuras, suspensas a uma barra horizontal, e que se toca à maneira de um xilofone.

"Em água profunda, passa inteiramente vestido
Em água rasa, arregaça a roupa[284]".

Diz o Mestre: Nesse caso, realmente, tudo é fácil!

43 Zizhang: Diz-se, no *Livro dos Documentos*[285]: "Na morte de seu pai, retirou-se Gao Zong[286] para uma cabana onde morou durante três anos sem falar[287]." Que quer isso dizer?
O Mestre: Por que citar Gao Zong em particular? Na antigüidade, todo mundo agia assim. Por ocasião da morte de um soberano, os ministros mantinham-se em suas respectivas funções, recebendo as ordens do Primeiro-Ministro, e durante os três anos de luto eram observados pelo novo soberano.

44 Diz o Mestre: Desde que os governantes se atenham ao ritual, será fácil governar o povo[288].

45 Zilu: Que fazer para tornar-se um homem de bem?
O Mestre: Cultivar em si a gravidade e a seriedade devidas a qualquer tarefa.
Zilu: Nada mais?
O Mestre: Cultivar em si a capacidade de confortar os outros.
Zilu: Isso é tudo?
O Mestre: Cultivar em si a força de dar ao povo paz e bem-estar. Mas com isso se afligiram até mesmo Yao e Shun[289]!

46 Yan Rang[290] ouve o Mestre, de cócoras. Vendo-o nessa posição, diz o Mestre: Jovem, não tem respeito algum pelos mais ve-

---

284. *Livro das Odes*, nº 34. Os versos citados são uma maneira de dizer: "Toma o mundo como ele é".

285. *Livro dos Documentos*, IV, 8, ... I, 1.

286. Nome de guerra do rei Wu Ding dos Shang-Yin (1324-1264 A.C.)

287. Cf. I, 11.

288. Cf. XIII, 4.

289. Cf. VII, 28.

290. Tradicionalmente considerado como um velho conhecido de Confúcio, que teria abraçado a doutrina de Lao-Tsé.

lhos; adulto, nada tem de valioso a apresentar ao mundo; velho, continua aí, a envenenar-nos a existência!
E, com o cajado, desfere-lhe um golpe na barriga das pernas.

47 Confúcio emprega como mensageiro um moço de Que. Surpreso deste favor, pergunta-lhe alguém: Mas então, esse moço fez tanto progresso nos estudos? Responde o Mestre: Vê a sua maneira de pavonear-se em meio aos adultos e de caminhar de frente com eles: não são progressos, é seu caminho na vida, que ele é obrigado a fazer!

LIVRO XV

Do Homem de Bem

1 O duque Ling de Wei[291] interroga Confúcio sobre o manejo das tropas. Responde Confúcio: Tenho algum conhecimento dos vasos rituais, mas, sobre a arte da guerra, jamais estudei.

No dia seguinte, o Mestre deixa Wei.

Em Chen, começam a faltar víveres. Os discípulos caem doentes a ponto de não poder mais levantar-se. Zilu, furioso, vai ao encontro do Mestre e lhe diz: Não me ides dizer que homens de bem podem ser reduzidos a tal estado?

Diz o Mestre: O homem de bem pode, não apenas cair na miséria, mas enfrentá-la com coragem. É o homem vulgar que, em semelhante situação, deixa-se levar aos piores excessos.

2 Diz o Mestre a Zigong: Tu, sem dúvida, consideras-me como um homem que muito aprendeu e muito guardou, não?

Zigong: Sim. Não é esse o caso?

O Mestre: Não. Meu pensamento provém de uma idéia única que a tudo engloba[292].

3 Diz o Mestre a Zilu: Como são raros os que conhecem o poder da virtude!

---

291. Cf. XIV, 20.
292. Cf. IV, 15.

4 Diz o Mestre: Quem, melhor que Shun, soube governar pelo não-agir[293]? Que era para ele a ação? Bastava-lhe, para fazer reinar a paz, ter assento, com toda a dignidade, de frente para todo o sul[294].

5 Zizhang pergunta o que fazer para impor-se.
Diz o Mestre: Sê leal e digno de fé em tuas palavras, sério e honesto em tuas ações, e te imporás a todos, quer vivas junto aos Bárbaros do Sul ou do Norte[295]. Se faltares com a lealdade e a boa-fé em tuas palavras, com a seriedade e a honestidade em tuas ações, ainda que permaneças em tua aldeia, não terás a estima de ninguém.
Esta regra de ouro, observa-a levantar-se por toda parte diante de ti; contempla-a presa à carga de teu carro. Só então estarás seguro de te impores.
Zizhang, imediatamente, inscreve estas palavras no seu cinto.

6 Diz o Mestre: O historiógrafo Yu[296], que exemplo de probidade! Reinasse ou não em Wei o Caminho, como uma flecha seguiu ele o reto caminho. Mas foi Ju Boyu[297] quem teve a conduta de um homem de bem: enquanto imperou o Caminho, esteve ele ao serviço do Estado, mas, ao ser este atraiçoado, soube enrolar seus talentos e guardá-los em segredo para dias melhores.

7 Diz o Mestre: Não falar do Caminho a um homem suscetível de compreender, é malbaratar alguém. Falar do Caminho a um

---

293. Quer dizer, pelo só poder de seu *de* (cf. II, 1 e Introdução). Tão grande era sua virtude que exercia diretamente sua influência benfazeja e pacífica sobre o povo. Esta fórmula de não-agir (*wu-wei*) teve enorme êxito no contexto taoísta.

294. Ou seja, ocupar seu trono de soberano, cf. VI, 1.

295. Cf. XIII, 19.

296. Historiógrafo de Wei.

297. Cf. XIV, 26.

homem incapaz de compreender, é malbaratar as palavras. O sábio reconhece-o por não malbaratar nem homens nem palavras.

8 Diz o Mestre: O adepto resoluto do Caminho, o verdadeiro homem de *ren*, longe de ater-se à vida ao custo do *ren*, sacrificá-la-ia, se necessário, para que viva o *ren*.

9 Pergunta Zigong como praticar o *ren*. Diz o Mestre: O artesão que se quer aperfeiçoar em sua arte deve primeiro afiar seus instrumentos. Onde quer que residas, escolhe os melhores ministros por superiores e, por amigos, os cavalheiros de maior *ren*.

10 Pergunta Yan Hui como governar um país. Diz o Mestre: Adota o calendário dos Xia[298], prepara o carro imperial dos Yin[299], usa a coifa ritual dos Zhou[300]. Quanto à música, toma por modelo Shao[301] e sua gesticulação. Bane as árias de Zheng[302], bem como os bem-falantes: as primeiras são um convite à libertinagem, os segundos, um perigo mortal para o Estado.

11 Diz o Mestre: Quem não vê longe, logo cairá em confusão.

12 Diz o Mestre: Ai, será que algum dia verei o desejo de virtude tão forte quanto o instinto carnal[303]?

---

298. Que começava na primavera, ao passo que os das outras duas dinastias, Shang-Yin e Zhou, começavam no inverno.

299. Reputado como menos ornamentado do que o dos Zhou.

300. Cf. VIII, 21.

301. Cf. III, 25 e VII, 13.

302. Cujos textos encontram-se no livro VII *das Odes*. Opõe-se à música ritual da Corte como nossas árias do teatro de variedades à música clássica.

303. Cf. IX, 17.

13 Diz o Mestre: Não diríeis que Zang Wenzhong[304] mais usurpava seu cargo do que o preenchia? Ainda que conhecesse perfeitamente o valor de Liuxia Hui[305], recusou-se a dar-lhe acesso ao posto que ele merecia[306].

14 Diz o Mestre: Exige bastante de ti mesmo e pouco dos outros, pois é o meio de afastar toda a animosidade.

15 Diz o Mestre: Àquele que pergunta constantemente – "Que se deve fazer? E como fazê-lo?" – por ele nada posso fazer, absolutamente nada[307].

16 Diz o Mestre: Há pessoas capazes de ficar juntas o dia todo, a perder-se em bravatas, sem relação com o Justo, e comprazendo-se em pequenos jogos de eloqüência: triste espetáculo, em verdade*!

17 Diz o Mestre: A eqüidade é a própria substância do homem de bem. Pelos ritos, ele a põe em prática, e, por sua humildade, trá-la à luz. Pela confiança que inspira, ele atinge a grande eqüidade, verdadeira dimensão do homem de bem.

18 Diz o Mestre: O homem de bem teme muito mais a falta de aptidões, do que o vê-las ignoradas[308].

19 Diz o Mestre: A inquietude do homem de bem é desaparecer sem deixar a marca de uma vida exemplar.

---

304. Cf. V, 17.
305. Cf. XVIII, 2.
306. Para exemplo do oposto, cf. XIV, 19.
307. Cf. VII, 8.
308. Cf. XIV, 32.

* O Mestre condena assim, indiretamente, o ensino meramente retórico, como o faria, na Grécia, Sócrates em relação aos sofistas. Como comportamento na vida quotidiana, como – e quão tristemente – se aplica a grandes parcelas da sociedade de hoje! (N.T.)

20 Diz o Mestre: O homem de bem exige tudo de si mesmo, o homem vulgar tudo espera dos outros[309].

21 Diz o Mestre: O homem de bem, justamente por guardar sua dignidade, jamais incita à querela; é sociável sem ser sectário[310].

22 Diz o Mestre: O homem de bem não escolhe alguém pelo que este diz de justo, como também não rejeita o que esse alguém diz de justo por aquilo que ele é[311].

23 Zigong: Há uma palavra que pudesse guiar a ação durante toda uma vida?
O Mestre: "Mansidão", não é esta a palavra-chave?[312] O que não quiseres que te façam, não o inflijas aos outros[313].

24 Diz o Mestre: Será que alguma vez repreendi ou elogiei alguém desmesuradamente? Se me aconteceu louvar alguém, foi porque o merecia. Nosso povo é ainda o que permite às Três Dinastias[314] o seguir o reto Caminho.

25 Diz o Mestre: Já vi a época em que os historiógrafos deixaram espaços em branco[315] e em que os que os possuíam, emprestavam cavalos. Hoje em dia, as coisas mudaram bastante!

26 Diz o Mestre: Um belo discurso pode levar a tomar-se vício por virtude, uma ligeira impaciência compromete grandes desígnios.

---

309. Cf. XIV, 25 e XV, 14.
310. Cf. II, 14.
311. Cf. XV, 7.
312. Cf. IV, 15. É a capacidade de julgar pelas próprias necessidades do que se pode fazer pelos outros, descrita em VI, 28.
313. Cf. V, 11 e XII, 2.
314. Xia, Shang-Yin e Zhou.
315. Pela solicitude de não notar senão a verdade.

27 Diz o Mestre: Acha-se alguém adulado ou infamado por todo mundo? É a opinião do vulgo: é preciso pôr-lhe tento mais de perto[316].

28 Diz o Mestre: É o homem que, por sua vontade, alarga o Caminho; mas não existe Caminho que possa alargar o coração de um homem passivo.

29 Diz o Mestre: Cometer uma falta, e não se corrigir, eis a verdadeira falta!

30 Diz o Mestre: Aconteceu-me passar o dia todo sem comer e a noite toda sem dormir, para dedicar-me à meditação: sem resultado. Mais vale ainda o estudo[317].

31 Diz o Mestre: O homem de bem conduz seu barco em função do Caminho, não dos interesses materiais. Este cultiva bem a terra, e talvez venha a conhecer a fome; aquele outro passa anos estudando, esses anos talvez venham a render-lhe um bom salário. Por isso, o homem de bem não teme a privação, mas é antes cioso do Caminho[318].

32 Diz o Mestre: Quem conhece a verdade pelo intelecto, mas carece de *ren* para conservá-la, está destinado a perdê-la. Quem a conhece pelo intelecto e a conserva através de seu *ren*, mas carece de seriedade para praticá-la, jamais será respeitado pelo povo. Quem a conhece pelo intelecto e possui suficiente *ren* para conservá-la e seriedade bastante para praticá-la, mas não governa em função do ritual, não é ainda o soberano ideal.

33 Diz o Mestre: Não é por pequenas responsabilidades que se julgam os talentos do homem de bem, estes manifestam-se antes

316. Cf. XIII, 24.
317. Cf. II, 15.
318. Cf. II, 18.

nas grandes responsabilidades; os do homem vulgar, em contrapartida, não se mostram senão à altura de pequenas tarefas.

34 Diz o Mestre: Para o povo, o *ren* é ainda mais vital do que água e fogo. Há pessoas que morrem por ter caminhado na água ou no fogo, mas morre-se jamais por pisar o caminho do *ren*?

35 Diz o Mestre: Na prática do *ren*, não cedas a ninguém, ainda que seja a teu mestre.

36 Diz o Mestre: O homem de bem é puro, mas não pudico; direito, mas não rígido.

37 Diz o Mestre: Ao serviço de teu príncipe, vela por teu dever antes de pensar no salário.

38 Diz o Mestre: Meu ensino destina-se a todos, sem distinção[319].

39 Diz o Mestre: Nossos caminhos divergem? Inútil concordarmos por mais tempo[320].

40 Diz o Mestre: A linguagem não tem outra função além de comunicar.

41 Vem em visita Mian[321], o Grande Mestre de Música. Ao chegar ele à escadaria externa, o Mestre o previne: "Chegastes aos degraus", depois, na casa: "Aí está vossa esteira." Já sentado o Mestre de Música, informa-lhe o Mestre que Fulano está aqui, Beltrano está ali. Havendo Mian se despedido, pergunta Zizhang: É isso que convinha dizer ao Grande Mestre de Música?
O Mestre: Sim, é assim que se deve dar assistência a um Mestre de Música.

---

319. Cf. VII, 7.
320. Cf. IX, 29.
321. Cf. III, 23 e VIII, 15. Os mestres de música eram, geralmente, cegos. Sobre o respeito de Confúcio pelos cegos, cf. IX, 9 e X, 16.

LIVRO XVI

Dos Três Bens e Dos Três Males

1 O chefe do clã Ji[322] prepara-se para atacar Zhuanyu[323]. Ran Qiu e Zilu[324] vão ver Confúcio e lhe dizem: Nosso chefe se apresta a agir contra Zhuanyu.

Confúcio: Não estás aqui para alguma coisa, Qiu? Outrora, os primeiros soberanos dos Zhou outorgaram a Zhuanyu o privilégio de sacrificar no monte Dongmeng[325]. Além do mais. Zhuanyu faz parte do país de Lu, e respeita a autoridade de nosso duque. Com que direito ir-se-ia atacá-lo?

Ran Qiu: Não aprovamos nem a um nem a outro, mas tal é a vontade de nosso chefe.

Confúcio: Qiu, escuta esta máxima de Zhou Ren[326]: "Aquele que prova sua força entra nas fileiras; aquele que não a prova fica na retaguarda." De que servem, para um cego, apoios como vós, que não podeis nem mesmo segurar vosso mestre quando ele tropeça, e levantá-lo, quando cai? Seja lá o que for, não tens desculpa: se

---

322. Cf. III, 1.

323. Pequeno principado dependente de Lu.

324. Ambos a serviço do clã Ji, cf. III, 6 e XI, 23.

325. Ou seja: conferiram ao príncipe de Zhuanyu total soberania sobre seu território; cf. III, 6, nota 2.

326. Sábio da Antigüidade.

acontece de um tigre, um rinoceronte escapar da jaula, ou de um casco de tartaruga*, uma pedra preciosa se quebrarem em seu escrínio, de quem é a culpa?

Ran Qiu: Acontece, porém, que Zhuanyu tornou-se uma fortaleza poderosa, perigosamente vizinha de Bi[327]. Se os Ji não a tomarem agora, ela será, para seus descendentes, causa certa de preocupações.

Confúcio: Qiu, sabe que um homem de bem acha detestável esta maneira de justificar um procedimento sem apoiá-lo abertamente. Quanto aos chefes de Estado ou de grandes famílias, sempre ouvi dizer que devem menos preocupar-se com o pequeno número de seus súditos do que com a falta de eqüidade entre eles, menos com a privação deles do que com o descontentamento entre eles[328]. Com efeito, reine a eqüidade e não haverá pobreza, a concórdia, e a população será suficientemente densa, o contentamento, e não se produzirá qualquer sublevação. Se assim não for, e os países remotos ainda resistirem, então é porque se deve exercer sobre eles a força de atração da cultura, e, depois os de ter atraído, dar-lhes paz e bonança.

Ora, Zilu e Ran Qiu, supõe-se que devais assistir a vosso chefe, o qual, tendo pela frente súditos renitentes, não os soube atrair, e que, à testa de um Estado dividido, fracionado e ameaçado de ruína, mostrou-se incapaz de o salvar. Ele agora ideou levar a guerra ao próprio seio do país: temo que os problemas dos Ji não se

---

327. Praça-forte do clã Ji, cf. VI, 7 e XI, 24.

328. Aqui há provavelmente uma confusão na ordem do texto, o qual se pode, à luz do que se segue, restabelecer assim: menos de seu descontentamento do que da falta de eqüidade entre eles, menos de seu pequeno número do que de sua discórdia, menos das sublevações do que do descontentamento entre eles.

* O casco de tartaruga, à parte seu valor como matéria-prima artesanal, era material de conotação mítica e sagrada na China antiga. Na mitologia chinesa, a tartaruga é um dos animais mais relevantes. (N.T.)

prendam tanto a Zhuanyu quanto ao que se passa dentro de seus próprios muros[329].

2 Diz Confúcio: O Caminho reina sob o Céu quando as cerimônias rituais, a música e as expedições punitivas são dirigidas pelo Filho do Céu em pessoa. O Caminho não reina mais, se elas são dirigidas pelos vassalos, os quais raramente permanecem no poder por mais de dez gerações. Se devolvidas aos grandes ministros, estes não ficam no poder por muito mais de cinco gerações. Enfim, se o encargo do Estado é usurpado pelos intendentes das grandes casas, o poder deles não se conseguirá manter por mais de três gerações.

Quando reina sob o Céu o Caminho, não cabe aos ministros decidir a política e os simples súditos não têm razões para discuti-la.

3 Diz Confúcio: Faz agora cinco gerações que os proventos do Estado não vão mais à casa ducal, e quatro que o governo caiu nas mãos dos grandes ministros. Isto explica por que os descendentes dos Três Huan[330] já estão em declínio.

4 Diz Confúcio: Há três espécies de amizades proveitosas, e três de amizades nocivas. As proveitosas são as dos homens direitos, sinceros e de grande saber. As nocivas, as dos homens falsos, obsequiosos e bem falantes.

5 Diz Confúcio: Há três espécies de prazeres proveitosos, e três de prazeres nocivos. Os proveitosos são o comprazer-se na bela ordenação dos ritos e da música, o comprazer-se na numerosa companhia de amigos de valor, e o gosto de falar dos outros do que

329. Os problemas devem-se simultaneamente à inaptidão dos Ji para o governo e ao seu desentendimento com o duque de Lu.

330. As três famílias usurpadoras (cf. II, 5.) Tendo a condição de ministros, não têm, segundo a lógica do parágrafo precedente, mais do que uma geração de vida à sua frente.

eles têm de melhor[331]. Os nocivos: comprazer-se num luxo arrogante, numa ociosidade dissipativa, e passar a vida a farrear.

6 Diz Confúcio: Há três faltas que não se devem cometer em presença de um homem de qualidade: falar sem ser convidado, o que é precipitação; não falar quando por ele convidado, o que é dissimulação; falar sem observar a expressão de seu rosto, o que é cegueira.

7 Diz Confúcio: O homem de bem deve se precaver contra três males: jovem, quando seu sangue e seu sopro vital estão ainda em efervescência, contra a libertinagem; na idade madura, quando em pleno vigor, contra a animosidade; no ocaso da vida, quando já se lhe exauriram o sangue e o sopro vital, contra a cupidez.

8 Diz Confúcio: O homem de bem respeita três coisas: os Decretos do Céu, os homens eminentes e as palavras de um Sábio. O homem vulgar não teme a Vontade Celeste, pela simples razão de que a não conhece, toma liberdades com os grandes e escarnece das palavras do Sábio.

9 Diz Confúcio: O primeiro lugar cabe aos que nascem com o saber. Vêm a seguir aqueles que têm de estudar para adquiri-lo[332]. Depois, vêm os que só o adquirem à custa de grandes esforços. Quanto aos que não têm nem inteligência nem vontade de aprender, são esses os últimos dos homens.

10 Diz Confúcio: O homem de bem é cioso de nove coisas: aplica-se em bem ver o que olha, em bem ouvir o que escuta. É cioso de respirar a benevolência em sua expressão, a deferência em suas maneiras, a honestidade em suas palavras, a seriedade em seu trabalho. Em dúvida, pede conselho; num acesso de cólera, pensa nas

---

331. Cf. XII, 16.
332. Cf. VII, 19 e 27.

conseqüências[333], na perspectiva do lucro, mantém-se cioso do Justo.

11 Diz Confúcio: "Perseguir o bem no temor de não o atingir, guardar-se dos maus como da água fervendo", isto ouvi dizer e vi pôr em prática. Mas, "Viver incógnito a fim de perseguir seu ideal, praticar o Justo a fim de propagar o seu Caminho", isto ouvi dizer, mas ainda não o vi ilustrado por ninguém.

12 O duque Jing de Qi[334] possuía uma cavalariça de mil quadrigas, mas, no dia de sua morte, o povo não conseguiu encontrar uma só virtude que merecesse elogio. Boyi e Shuqi[335], que morreram de fome ao pé do Shouyang, são ainda hoje elevados às nuvens pelo povo. Eis o que bem ilustra o que acabo de dizer[336].

13 Ziqin[337] pergunta a Boyu[338]: Vosso pai não vos ensinou outra coisa senão o que nos ensina a nós, discípulos?
Boyu: De maneira alguma. Um dia em que ele estava só, e eu, acelerando o passo, ia passando pela corte[339], perguntou-me se eu tinha estudado as Odes. Respondi-lhe que não. Então me disse: "Como pode sequer falar, aquele que as não estudou?" Retirei-me e me pus a estudar as Odes.
Noutro dia em que estava ele sozinho e eu ia atravessando o paço, perguntou-me se tinha estudado os ritos. Respondi-lhe: "Ainda não". Disse-me ele: "Quem os não estudou não saberá afirmar-se[340]." Retirei-me e me pus incontinenti a estudar os ritos. Estas

333. Cf. XII, 21.
334. Cf. XII, 11.
335. Cf. V, 22 e VII, 14.
336. No fim do parágrafo anterior.
337. Cf. I, 10.
338. Filho de Confúcio, o Li de XI, 7.
339. Em sinal de respeito, cf. IX, 9.
340. Afirmar-se, ao mesmo tempo, em suas convicções e na sociedade, cf. VIII, 8.

duas coisas são todo o seu ensinamento. À sua saída, diz Ziqin, todo contente: Perguntei uma coisa, e aprendi três. Falou-se-me das Odes, dos ritos e da justa distância que deve o homem de bem manter com seu filho[341].

14 Existem diversas designações para a esposa de um príncipe. Este chama-a "a Dama", ao passo que ela própria modestamente denomina-se "a donzela". Os súditos do príncipe chamam-na "a Dama do Príncipe", mas "nossa princesinha" quando se dirigem a estrangeiros, enquanto que estes últimos restabelecem o nome de "Dama do Príncipe[342]".

341. Distância ritual que o impede de mostrar mais atenções a seu filho do que a seus discípulos.

342. Talvez se trate de um parágrafo extraviado, ou de uma ilustração da "retificação dos nomes" (cf. XIII, 3.)

LIVRO XVII

Da Decadência

1 Yang Huo[343] quer avistar-se com Confúcio. Estando aquele escondido, faz enviar-lhe um leitão. Confúcio vai fazer-lhe uma visita de cortesia, numa hora em que sabe não encontrar Yang Huo em casa. Mas o encontra no caminho. Yang Huo interpela-o: Vinde, tenho algo a vos falar. Esconder no seio seu tesouro e deixar o país correr à perdição, isso é o *ren*[344]? Não. Ser levado a exercer uma função e deixar esperar mais de uma vez a ocasião, é sinal de inteligência? Ainda menos. Escoam-se os dias, os meses; não se detêm os anos a esperar-nos.
Confúcio diz: Pois bem, talvez eu aceite um cargo.

2 Diz o Mestre: Os homens são, por natureza, semelhantes; é na prática que eles divergem.

3 Diz o Mestre: Apenas duas categorias escapam a qualquer mudança: os três sábios e as três bestas.

4 Tendo-se dirigido à cidadela de Wu[345], o Mestre ouve aí uma música de instrumentos de cordas, acompanhada de cantos. Ele se

343. Tradicionalmente identificado com Yang Hu, cf. nota de IX, 5. Intendente da família Ji, que tramou a seu turno arrogar-se o poder, colocando Ji Huanzi em pessoa às suas ordens. Sobre a usurpação do poder por simples intendentes, cf. XVI, 2.

344. Cf. IX, 12.

345. Cidadela situada no distrito de Bi, governada pelo discípulo Ziyou.

volta para Ziyou com um sorriso divertido: A gente não se arma de um cutelo para bois a fim de decapitar um frango[346].

Responde-lhe o discípulo: Mestre, no entanto lembro-me de haver-vos ouvido dizer: "O soberano que progride no Caminho ama a todos os homens; o povo que progride no Caminho é fácil de governar." O Mestre, dirigindo-se aos discípulos: Meus amigos, Ziyou tem toda a razão. Eu só queria arreliá-lo.

5 Após ter-se rebelado ao ocupar Bi, Gongshan Furao[347] apela para o Mestre, que está inclinado a dirigir-se para lá.

Zilu desaprova com energia: Após tantas recusas, por que aceitar subitamente uma oferta de um senhor Gongshan?

O Mestre: Será por acaso que ele apelou a mim? Se se encontrar alguém para empregar-me, guardo a esperança de restabelecer os Zhou no leste[348].

6 Zizhang pergunta o que é o *ren.* Diz Confúcio: Tornar-se capaz de praticar cinco coisas sob o Céu, eis o *ren.*

Quais são elas? Deferencia, grandeza d'alma, honestidade, diligência e generosidade. A deferência vos faz respeitados por todos, a grandeza d'alma ganha para vós o coração do povo, a honestidade vos confere a confiança geral, a diligência assegura a eficácia de vossos empreendimentos, e é através da generosidade que vireis a merecer o serviço dos outros.

---

346. Ziyou não se ateve ao senso de proporção, ao ensinar a grande música ritual da Corte aos habitantes deste vilarejo.

347. Governador de Bi, que, em convivência com Yang Huo (cf. XVII, 1), sublevou-se contra os Ji em 502 A.C. e aprisionou o chefe deles, Ji Huanzi. Quatro anos mais tarde, eclodiu a revolta, e os dois cúmplices tiveram de se refugiar em Qi.

348. Confúcio crê que o objetivo da revolta é restaurar o duque de Lu em sua legitimidade, e, assim, a grande tradição dos Zhou. Ele imagina uma era dos Zhou orientais em Lu, que se situa a leste do berço da dinastia. Confúcio não se dirigiu finalmente a Bi.

7 Bi Xi[349] havendo-o convidado, inclina-se o Mestre a se dirigir para lá. Zilu chama-o à atenção: "Mestre, lembro-me de vos haver ouvido dizer: Daquele que fez o mal com suas próprias mãos, o homem de bem não transpõe o umbral." Ora, Bi Xi rebelou-se, ao ocupar Zhongmou; que significaria pois vossa visita?

O Mestre: Realmente, eu o disse. Mas não se diz, também: "Tão duro que nenhuma mó poderá moê-lo, tão branco que tinta alguma o tisnará"?* Mas serei eu, então, um pepino amargo, que deva ficar suspenso a secar, sem prestar para a consumação?

8 O Mestre pergunta a Zilu: Sabes que cada uma das Seis Virtudes pode ter um lado nefasto? Não? Pois bem, senta-te, vou te explicar. Sem o amor ao estudo, toda deformação é possível: o amor do *ren* torna-se ingenuidade[350], o amor do saber, superficialidade; o amor da honestidade, prejuízo, o amor da doutrina, intolerância[351], o amor da bravura, insubmissão, enfim, o amor do rigor transforma-se em fanatismo[352].

9 Diz o Mestre: Meus pobres filhos, nenhum de vós estuda as Odes, por quê? As Odes permitem avivar os sentimentos, aguçar a observação crítica, comportar-se em sociedade, exprimir as condolências. Ajudam, enfim, a melhor servir, em casa, ao pai, na Corte, ao príncipe. Fazem, enfim, bem conhecer os nomes dos pássaros, dos animais, das plantas e das árvores[353].

---

349. Ministro de Jin.
350. Cf. VI, 24 e XIV, 33.
351. Cf. XIII, 18.
352. Para o parágrafo todo, cf. VIII, 2.
353. Ou seja, os termos da "Língua Correta", ritual, por oposição aos nomes locais, cf. VII, 17. Sobre a retificação dos Nomes, cf. XIII, 3.

* Um equivalente deste provérbio, em português, seria: "Não há bem que sempre dure nem mal que nunca se acabe". (N.T.)

10 Pergunta o Mestre a seu filho Boyu[354]: Trabalhaste bem o *Zhou Nan* e o *Shao Nan*[355]? Pois o não dominar a fundo esses dois livros é manter o nariz contra a parede!

11 Lamenta-se o Mestre: "Os ritos, os ritos!" Não guardam eles o brilho do jade e da seda? "A música, a música!" Não guarda ela apenas o barulho dos sinos e tambores[356]?

12 Diz o Mestre: Afetar uma rígida postura para mascarar sua fraqueza de caráter é – para tomar um exemplo dos mais vulgares – introduzir-se por arrombamento, como um ladrão.

13 Diz o Mestre: Todos esses "honestos" de aldeia[357] são os piores inimigos da virtude.

14 Diz o Mestre: Revender no caminho o que se acabou de aprender sobre a Virtude é fazer dela um bom negócio.

15 Diz o Mestre: Esses vis mercenários! Como se pode colaborar com eles ao serviço de um soberano? Quando não têm emprego, não descansam até obterem um, e quando o têm vivem na obsessão de perdê-lo; de que, pois, não seriam capazes para conservá-lo?

16 Diz o Mestre: Outrora, sofria-se comumente de três reveses, reveses que temos ainda mais hoje em dia: a impetuosidade não era senão a intolerância de pequenos embaraços, hoje é licença desenfreada; o orgulho era um pouco pretensioso, agora é irascível até a violência; a ingenuidade era, pelo menos, garantia de retidão, e em nossos dias não é senão a máscara da impostura[358].

---

354. Cf. III, 13.
355. O que chamaríamos de "fariseus".
356. Cf. VIII, 16.
357. Repetição de I, 3.
358. Cf. VIII, 16.

17 Diz o Mestre: "Cara muito boa e belas palavras" raramente são sinal de virtude verdadeira[359].

18 Diz o Mestre: Que horror, ver o vermelho degenerar em púrpura[360], as árias de Zheng[361] semearem a discórdia nas nossas Odes de Corte[362], e as línguas bem afiadas derrubarem tronos e famílias[363]!

19 Diz o Mestre: Eu gostaria tanto de me desembaraçar da palavra.
Objeta-lhe Zigong: Mas, se não falardes, que iremos nós, humildes discípulos, transmitir?
O Mestre: Mas fala o próprio Céu? Sucedem-se as quatro estações, proliferam as cem criaturas: que necessidade tem o Céu de falar?

20 Quando Ru Bei[364] solicitou uma entrevista com Confúcio, este último declinou do convite, alegando doença. Mas, no momento em que saía o mensageiro, tomou da cítara e cantou, alto o bastante para que o ouvisse o outro.

21 Zai Wo[365]: De que serve observar por três anos o luto pelos pais[366], quando um só bastaria amplamente? Se, durante três anos, os homens de bem abandonam os ritos, estes cairão em desuso, se abandonam a música, ela acabará por desaparecer. No espaço de um ano, as lembranças do ano anterior têm tempo de se esgotar, o grão novo, de amadurecer, e a verruma de fogo, de fa-

359. Repetição de I, 3.
360. No vestuário, cf. X, 6.
361. Cf. XV, 10.
362. Cf. IX, 14.
363. Cf. XV, 10.
364. Nada se sabe dele, a não ser que era pequeno conselheiro em Lu.
365. Cf. III, 21 e V, 9.
366. Cf. I, 11.

zer jorrar por cinco vezes o fogo sazonado[367]. Um ano não basta?
O Mestre: Não te incomodarias, ao cabo de um ano, de comer bom arroz e de usar brocado?
Zai Wo: Não.
O Mestre: Pois muito bem, nesse caso, faze-o. Enquanto dure o luto, o homem de bem, esse não saboreia as coisas boas que come, não aprecia a música que ouve, e tampouco se sente à vontade em sua morada habitual[368]. Eis por que não age ele como dizes. Tu, porém, se tens a consciência limpa, faze-o.
Sai Zai Wo. Diz o Mestre: Que homem insensível! Um recém-nascido leva três anos para sair do regaço dos pais, por isso o luto filial é universalmente de três anos. Zai Wo, também, não deve três anos de amor a seus pais?

22 Diz o Mestre: Atentai a essa gente que se empanturra o dia inteiro, sem fazer o menor uso do espírito: é de fazer desesperar! Não existem o jogo de xadrez ou o de damas? Pois que jogassem, o que seria melhor que nada.

23 Zilu: O homem de bem não deve prezar a bravura?
O Mestre: Ele, por si, prima pelo Justo. A bravura, sem o sentido do Justo, leva o homem de bem à insubmissão e o homem vulgar à pilhagem.

---

367. Rito sazonal que consistia em produzir fogo por meio de um instrumento perfurado por uma verruma de madeira apropriada a cada estação*.

368. No período de luto, devia viver numa cabana; cf. X, 7 e XIV, 43.**

* O rito de fazer fogo, que incide entre quase todos os povos Indo-Europeus, é reminiscência do Neolítico, associada, de um lado, ao culto ancestral da fertilidade (o princípio masculino mais o princípio feminino, de cujo contato emana a força geratriz), e, de outro, aos antigos ritos metalúrgicos (vide Mircea Eliade, "Ferreiros e Alquimistas") (N.T.)

** A observância do luto em reclusão ocorre também entre os índios brasileiros e entre diversas culturas das Américas. (N.T.)

24 Zigong: O homem de bem também tem seus ódios?
O Mestre: Certamente. Ele abomina os que se comprazem em tornar públicos os defeitos alheios; os que, de baixa condição, gostam de caluniar seus superiores; os que se mostram cheios de bravura em detrimento do ritual, cheios de decisão e de audácia até à cegueira. E tu, Zigong, tens também teus ódios?
Zigong: Detesto quem quer que queira fazer passar a astúcia por saber, a arrogância por coragem, a delação por retidão.

25 Diz o Mestre: As mulheres e os medíocres são os menos fáceis de tratar: de muito perto, crêem que tudo se lhes permite; de muito longe, guardam-vos rancor.

26 Diz o Mestre: O homem que, aos quarenta anos, é sempre detestado, assim permanecerá por toda a vida.

LIVRO XVIII

Dos Eremitas

1 O senhor de Wei preferiu deixar a corte do tirano[369]; por ter ousado fazer admoestações, o senhor de Ji foi reduzido à escravidão, e Bi Gan, punido de morte. Diz Confúcio: A dinastia Yin teve três homens de *ren*.

2 Liuxia Hui[370] foi por repetidas vezes demitido de seu cargo na Justiça. Sugeriu-se-lhe ir para alhures. Ele respondeu: Se quero servir aos homens segundo o Caminho reto, aonde iria eu para não ser destituído várias vezes? Se, ao contrário, decido servi-los por caminhos tortos, que necessidade terei de deixar minha pátria?

3 O duque Jing de Qi[371] diz a seus ministros: Como vamos receber Confúcio? Tratá-lo como igual ao chefe do clã Ji é impossível. Recebamo-lo, pois, como se fosse um intermediário entre Ji e Meng[372].
Depois, acrescentou: De qualquer maneira, porém, estou demasiado velho para fazer uso de seus serviços.
Confúcio, então, deixou o país de Qi.

---

369. O tirano Zhou Xin, derradeiro soberano dos Shang-Yin, célebre por sua crueldade. Wei era seu meio-irmão, Ji e Bi Gan seus tios. Ji foi lançado na prisão e, para escapar à morte, teve de simular loucura; Zhou Xin fez o papel de seu bobo. Bi Gan sofreu uma morte atroz, tendo o tirano dado ordem para que lhe arrancassem o coração.

370. Cf. XV, 13.

371. Cf. XII e XVI, 12.

372. Cf. II, 5.

4 A Corte de Qi enviou a Lu um contingente de belas musicistas[373]. Ji Huanzi[374] aceitou-as e, durante três dias, não deu audiência. Confúcio deixou o país de Lu.

5 Um dia, Confúcio cruzou com Jie Yu, o bobo de Chu, que passou cantando:

> "Fênix, ó Fênix[375]
> Onde tua poderosa virtude?
> Inútil voltar-se sobre o passado,
> Mas, para o futuro, estejamos prevenidos!
> Deixa, pois, deixa que caiam!
> Quem hoje faz política
> Amanhã ver-se-á mal."

Confúcio desceu do carro para falar-lhe, mas o outro esquivou-se, de sorte que Confúcio não pôde arrancar-lhe uma única palavra[376].

6 Changju e Jienni[377] estavam atrelados à canga, a trabalhar seu campo. Confúcio vinha passando. Mandou Zilu indagar sobre a direção em que poderiam atravessar o rio a vau.
Changju: Quem é, pois, que tendes no carro, lá embaixo?
Zilu: É Confúcio.
Changju: Como, o Confúcio de Lu?
Zilu: Ele mesmo.
Changju: Então, deve saber onde é o vau.

---

373. Na esperança de enfraquecer o governo.

374. Pai de Ji Kangzi. Morreu em 492 A.C., no terceiro ano do reinado do duque Ai.

375. Cf. IX, 8.

376. Este parágrafo e os seguintes evocam o tema de XIV, 41 e 42; os homens retirados do mundo desaprovam, como inúteis, o engajamento político de Confúcio e suas tentativas de salvar o mundo da decadência.

377. Literalmente: "Grande Repouso" e "Sólido Refúgio". Estes dois personagens lembram os heróis fictícios da literatura posterior e dos contos de Voltaire.

Zilu, então, voltou-se para Jieni, que lhe perguntou: Antes de mais nada, quem sois?
Zilu: Camo-me Zilu.
Jieni: Sois mesmo discípulo de Confúcio de Lu?
Zilu: Isso mesmo.
Jieni: Aos borbotões, é a mesma vaga que nos carrega a todos. Quem poderia mudar qualquer coisa[378]? Vós mesmo, em lugar de seguir um homem que se passa de uns a outros, não faríeis melhor em seguir um que se tivesse retirado do mundo[379]?
Lá em cima, pôs-se a recobrir os sulcos, sem tornar a levantar os olhos. Zilu foi ao Mestre dar contas do sucedido, e este, suspirando: Não se pode, da mesma forma, ater-se à companhia dos animais e dos pássaros. Se não posso esperar qualquer ajuda dos homens, a quem irei? Se o Caminho reinasse sob o céu, buscaria eu mudar qualquer coisa?

7 Um dia, aconteceu a Zilu perder de vista o Mestre e seus companheiros. Ele encontrou um velho que levava um cesto suspenso na ponta do bordão. Perguntou-lhe Zilu: Teríeis visto passar meu mestre?
Disse-lhe o velho: Tu me pareces tão pouco capaz de trabalhar com teus quatro membros quanto de distinguir os Cinco Cereais[380] – quem, pois, tens por mestre?
Isto posto, cravou na terra o bordão e se pôs a mondar. Zilu, porém, ficou lá, as mãos juntas com respeito.
Chegada a noite, o velho deu-lhe asilo. Matou um frango do galinheiro, preparou milho moído* para sua ceia, e até lhe apresentou seus dois filhos.

---

378. Cf. XIV, 42.
379. Cf. XIV, 39.
380. Arroz, milho (glutinoso), milho paniculado, trigo e leguminosas.
* O "milho" do texto e da nota anterior é o que conhecemos no Brasil por "quirera", milho moído fino – (N.T.)

No dia seguinte, Zilu tornou a reunir-se ao Mestre e lhe contou sua aventura. Disse-lhe o Mestre: É, sem dúvida, um eremita. Volta a vê-lo.

Mas, ao chegar, viu Zilu que o velho tinha partido. E disse então: Recusar toda e qualquer ocupação é negar a relação moral que existe entre jovens e velhos, entre um soberano e seus ministros. Admiti que a primeira é indissolúvel: como, então, desprezar a segunda? Como, sob o pretexto de salvaguardar sua própria pureza, deixar instalar-se a anarquia na Grande Ordem social? Se o homem de bem se empenha numa ocupação, é exatamente para manter essa relação. Inútil lembrar-lhe que o Caminho não reina mais, ele o sabe, há muito tempo[381].

8 Entre os homens que escolheram retirar-se, pode-se citar: Boyi, Shuqi[382], Yuzhong[383], Yiyi, Zhuzhang[384], Liuxia Hui[385], e Shaolian[386].

Diz o Mestre: Só Boyi e Shuqi se recusaram a renunciar a suas convicções e suportar a humilhação. Liuxia Hui e Shaolian, esses fizeram concessões, mas mostraram seu respeito pela ordem social em suas palavras, e uma admirável prudência nas ações: eis tudo o que deles se pode dizer. Quanto a Yuzhong e Yiyi, permitiram-se, pelo fato de se retirarem, uma grande liberdade de palavra, mas preservaram sua pureza e um justo equilíbrio em sua posição. Eu, de minha parte, tenho das coisas uma concepção bem diferente: não sou jamais incondicional sobre o que é possível ou impossível fazer-se.

381. Cf. XIV, 41.

382. Cf. V, 22 e VII, 14.

383. Irmão de Taibo (cf. VIII, 1). Acompanhou-o em sua retirada para o sul da China.

384. Dois desconhecidos.

385. Cf. XV, 13 e XVIII, 2.

386. Um "Bárbaro do Leste".

9 Zhi, o Grande Mestre de Música[387], refugiou-se em Qi. Entre os músicos nomeados para os repastos do soberano, Gan, o Segundo Mestre, refugiou-se em Chu, Liao, o Terceiro, em Cai, e Que, o Quarto, em Qin. Fang Shu, o Grande Tambor, atravessou o Rio Amarelo, e Wu, o Tamboril, atravessou o Han. Quanto a Yang, Mestre Adjunto, e Xiang, o tocador de pedras musicais[388], foram instalar-se numa ilha.

10 O duque de Zhou[389] disse a seu filho, o duque de Lu: Um bom soberano não deixa sucumbir seus pares, não dá aos ministros oportunidades de querê-lo sem cargo, não despede fiéis servidores sem justa causa[390] e, enfim, não espera, de um único homem, que saiba fazer tudo[391].

11 Podiam os Zhou orgulhar-se de oito irmãos notáveis:

> Da e Guà, os mais velhos
> Tu e Hu, os segundos
> Ye e Xia, os que vieram após os primogênitos
> Sui e Gua, os caçulas[392].

---

387. Cf. VIII, 15. É provável que esse movimento de emigração tenha tido lugar em 517 A.C., quando o duque Zhao, alijado de Lu pelos Ji, refugiou-se em Qi.

388. Cf. XIV, 42.

389. O duque Dan de Zhou, cf. VII, 5.

390. Cf. VIII, 2.

391. Cf. XIII, 25.

392. Estes quatro pares de gêmeos, que teriam nascido da mesma mãe, encarnam a fertilidade e a prosperidade dos primeiros reinados da dinastia Zhou. Seus nomes, que devem rimar perfeitamente na pronúncia arcaica, formam uma espécie de contina.

LIVRO XIX

Do Magistério dos Discípulos

1 Diz Zizhang: Estar pronto, em nome do Justo, a colocar em jogo sua vida, ou a renunciar a um benefício[393], experimentar um profundo recolhimento por ocasião dum sacrifício, e uma real aflição no luto[394], que mais pedir a um cavalheiro?

2 Diz Zizhang: Há quem pratique a virtude sem a dilatar[395], o que no Caminho confie sem contudo nele empenhar-se. Que nos importa a existência deles?

3 Os discípulos de Zixia vêm perguntar a Zizhang que pensa ele das relações humanas. Zizhang, primeiro, indaga: Que disse Zixia? Respondem-lhe: Eis o que disse: "Freqüenta os que são freqüentáveis, mantém à distância os que não o sejam."
Diz Zizhang: Não foi o que aprendi. Para mim, o homem de bem deve ter respeito pelos homens de valor e tolerância para com todos, admiração pelos bons e piedade para com os incapazes. Se me acho tão superior aos outros, não posso, pois, ser tolerante? Se lhes sou inferior, não cabe a eles manter-me à distância? Quando, pois, caber-me-á fazê-lo?

4 Diz Zixia: As artes, mesmo as mais humildes, não devem de modo algum ser desprezadas. Mas quando as pretendemos ligar a

393. Cf. XIV, 13.
594. Cf. III, 26.
395. Cf. XV, 28.

grandes objetivos, arriscamo-nos a corromper-nos. Por isso, o homem de bem não se emprega nas artes.

5 Diz Zixia: Estar, dia a dia, consciente das lacunas a preencher, e ser capaz de conservar, de mês a mês, o que se adquiriu, isto é o que se chama amar o estudo[396]!

6 Diz Zixia: Alargar seus conhecimentos sem perder de vista sua meta, interrogar sempre mais para melhor se conhecer, eis o que já domina o *ren*[397]!

7 Diz Zixia: Assim como os artesãos vivem em suas barracas para se aperfeiçoar em sua arte, o homem de bem vive no estudo para aperfeiçoar-se no Caminho[398].

8 Diz Zixia: O homem vulgar que cometa uma falta fará todo o possível para disfarçá-la.

9 Diz Zixia: O homem de bem tem três aspectos: de longe, tem o ar severo; de mais perto, descobre-se um rosto amigável; mas, ao falar, seu rigor inspira respeito.

10 Diz Zixia: O homem de bem só faz o povo trabalhar se tiver feito por merecer-lhe a confiança, sem o que o povo sentir-se-ia explorado. Ele não apresenta admoestações ao soberano a menos que goze de sua confiança, sem o que sentir-se-ia o soberano lesado.

11 Diz Zixia: Àquele que jamais transgride os grandes princípios, a ele só, é permitida uma margem de liberdade nos detalhes.

12 Diz Ziyou: Os alunos e discípulos de Zixia são muito bem adestrados em regar e varrer o solo, responder às ordens e às per-

---

396. Ou seja, os conhecimentos "especializados", tais como a agricultura, a arte da adivinhação ou da cura, etc.; cf. IX, 6.

397. Cf. VIII, 17.

398. Cf. VI, 28.

guntas, adiantar-se e se retirar. Mas tudo isso não é senão a ponta do ramo: que é da raiz[399], do essencial do qual eles nada sabem? Zixia, informado dessa maledicência, lamenta-se: Esse pobre Ziyou se equivoca totalmente! No Caminho do homem de bem, o que se deve ensinar primeiro, o que deixar para o fim? Os discípulos são semelhantes a plantas ou a árvores, é preciso tratar a cada um segundo sua espécie. Como poderia o Caminho do homem de bem conduzir ao erro? Unir os ramos à raiz, o começo ao fim, não é o apanágio da Sabedoria Suprema?

13 Diz Zixia: Tu te desincumbes totalmente de teu cargo? Consagras-te ao estudo[400]? Achas que estudaste o bastante? Emprega-te num cargo.

14 Diz Ziyou: o luto deve levar até à aflição, porém não mais longe.

15 Diz Ziyou: Meu amigo Zizhang gosta de "enfrentar o difícil", mas isto ainda não é *ren*[401]

16 Diz o Mestre Zeng: Que ar de imponência, esse Zizhang! Isso torna quase impossível cultivar o *ren* com ele[402].

17 Diz o Mestre Zeng: Ouvi dizer o Mestre: "Aquele mesmo que jamais soube o que fazer de si mesmo, esse se encolerizará pela morte de seus pais."

18 Diz o Mestre Zeng: Ouvi dizer o Mestre: "A piedade filial de Meng Zhuangzi[403] não tinha de imitável senão isto: nem uma vez mudou ele os conselheiros ou os métodos administrativos de seu pai[404]. Não tinha ele nada mais difícil?"

---

399. Cf. XV, 9.
400. Cf. I, 6.
401. Cf. XIV, 2.
402. Cf. XII, 24.
403. Filho de Meng Xianzi, chefe do clã Meng que morreu em 554 A.C.
404. Cf. V, 11.

19 Yang Fu, tendo sido nomeado para a Justiça[405] pelo chefe do clã Meng[406], vai consultar o Mestre Seng. Diz-lhe este: De há muito que os governantes perderam o Caminho e o povo sua coesão. Por isso, de cada vez que elucidardes uma acusação, longe de vos felicitardes, tende piedade e compaixão.

20 Diz Zigong: Na realidade, o tirano Zhou Xin[407] não era assim tão mau como o dizem. Eis justamente por que o homem de bem tanto teme cair e ver, assim, imputarem-lhe todos os crimes do universo.

21 Zigong diz: As faltas do homem de bem são como os eclipses do sol ou da lua: mal ele comete uma, o mundo todo dela se apercebe[408]; apenas ele se corrige, todos os olhares se voltam para ele[409]

22 Gongsun Chao de Wei[410] pergunta a Zigong: Com quem estudou Confúcio?
Zigong: O Caminho de Wen e Wu ainda não caiu no esquecimento, vive sempre entre os homens[411], dos quais os mais sábios possuem os grandes princípios e os menos sábios, os pontos de detalhe. Um não há que não possua pelo menos uma parcela do Caminho de Wen e Wu. Por isso, dever-se-ia antes perguntar como teria feito o Mestre para não estudar, e em que teria ele necessidade de um mestre determinado.

23 Shusun Wushu declara aos grandes ministros da Corte que considera Zigong superior a Confúcio. Disto informado por Zifu

---

405. Cf. XVIII, 2.
406. Segundo a cronologia tradicional, tratar-se-ia de Meng Wubo (cf. II, 6).
407. Cf. XVIII, 1.
408. Cf. VII, 30.
409. Cf. II, 1.
410. Nada se sabe dele.
411. Cf. IX, 5.

Jingbo[412], responde Zigong: Tomemos o exemplo do muro que cerca uma casa. Em meu caso, é um pobre muro que não chega aos ombros, e que deixa ver tudo o que há de valor no interior da casa. No caso do Mestre, é um grande muro de metros e metros de altura: por isso é impossível – a menos que se encontre a entrada do palácio – perceber as belezas do templo ancestral e o esplendor dos pavilhões oficiais que se ocultam por detrás do muro. Ora, raros são os que encontram a entrada. Não é preciso, pois, espantar-se muito com o que declarou o senhor de Wushu.

24 Shusun Wushu empenhava-se sempre em vilipendiar Confúcio, e então fez notar Zigong: Ele perde seu tempo. É impossível empanar o nome de Confúcio. Perto dele, os outros sábios são apenas outeiros e colinas que se transpõem facilmente. Ele próprio é sol ou lua[413], que pessoa alguma conseguiria exceder ou sequer abordar por ameaças de secessão. O infeliz não faz senão ridicularizar-se por conhecer tão pouco sua estatura.

25 Ziqin[414] diz a Zigong: Sois demasiado modesto. Como podeis sustentar que valeis menos que Confúcio?
Diz Zigong: O homem de bem pode, numa palavra, mostrar sua sabedoria, e, numa palavra, revelar-lhe a falta. Por isso faz-se necessária a maior prudência no que se diz. O Mestre não pode ser igualado, como tampouco se pode atingir o Céu por uma escada de mão. Podemos imaginá-lo à testa de um Estado ou de uma grande família, "estabelecer o povo e este manter-se-ia firme, guiá-lo e ele seguiria, oferecer-lhe a segurança, e ele se reuniria, indicar-lhe suas tarefas e ele trabalharia em harmonia. Venerado ao longo de toda a sua vida, pranteado por todos no dia de sua morte[415]". Quem, jamais, há de igualar-se ao Mestre?

---

412. Cf. XIV, 38.
413. Cf. XIX, 21.
414. Cf. I, 10 e XVI, 13.
415. Descrição do soberano ideal, talvez extraída de um Elogio Fúnebre (cf. VII, 34).

LIVRO XX

Do Mandato Celeste

1 Diz Yao[416]: Ó tu, Shum,
A sucessão ordenada pelo Céu te chega, desde hoje,
Com mão firme conduze-a pelo Justo Meio.
Viesse a miséria abater-se entre os Quatro Mares[417]
Romper-se-ia para sempre Teu Mandato Celeste!

Assim foi que Shun, por sua vez, transmitiu o Mandato a Yu[418]. (Tang[419] diz): Eu, Li, vosso filho indigno, ouso sacrificar um touro negro e fazer este juramento, ó Supremo Soberano:

Os culpados[420], não ousarei indultá-los;
Vossos servidores, a eles de modo algum negligenciarei:
Deles se fará segundo a Vossa Vontade.
Se eu cometer uma falta,
Que ela não afete o povo dos Dez Mil Países[421];
Se o povo estiver em erro,
Que sobre mim caia a Vossa Maldição.

---

416. Para a teoria do Mandato Celeste, cf. Introdução. Para Yao, Shun e Yu, cf. VIII, 18, 19 e 20. Toda a primeira metade deste parágrafo é uma compilação de diversos extratos do *Livro dos Documentos* (cf. II, 21).

417. Cf. XII, 5.

418. Lembremo-nos de que se trata do fundador da primeira dinastia, a dos Xia.

419. Cheng Tang, fundador da dinastia Shang-Yin.

420. Ou seja: os tiranos que foram os últimos soberanos dos Xia.

421. Ou seja, o povo da China da época.

(Diz o rei Wu[422]):

Os Zhou distribuíram terras e bens,
E lucraram os que os mereciam.
Por mais que eu esteja à testa dos Zhou,
A eles prefiro os homens de *ren*.
Se o povo cair em erro,
Seja eu o único responsável.

O rei Wu fixou com cuidado os pesos e medidas, revisou o corpo das leis, restabeleceu os cargos abolidos, e o governo retomou seu curso em todo o reino.

Ele restaurou os tronos aniquilados, restabeleceu a continuidade das linhagens interrompidas, chamou de volta ao serviço aqueles que se haviam retirado, e todos os corações foram a ele.

Sua maior preocupação era que o povo tivesse o suficiente para comer, e que fossem devidamente observados os ritos de luto e de sacrifícios. Por sua grandeza d'alma, suscitou a adesão do povo, por sua honestidade, a confiança, por sua diligência, a aceitação, por sua justiça, a felicidade[423].

2 Zizhang pergunta a Confúcio o que é preciso fazer para bem governar.

O Mestre: Basta honrar as Cinco Qualidades e banir os Quatro Defeitos[424].

Zizhang: Que chamais de Cinco Qualidades?

O Mestre: O homem de bem é capaz de ser generoso sem esbanjamento, de fazer trabalhar o povo sem suscitar-lhe rancor, de ter aspirações sem concupiscência, de ser grão-senhor sem se dar grandes ares[425], de ser imponente sem ser intimidador[426].

---

422. Fundador da dinastia Zhou.
423. Cf. XVIII, 6.
424. Cf. XVI, 4 a 8.
425. Cf. XIII, 26.
426. Cf. VII, 37.

Zizhang: Como pode ele ser generoso sem desperdício?
O Mestre: Se favorecer aquilo que naturalmente é aproveitável ao povo, não será ele generoso sem desperdício? Se não lhe designar senão tarefas das quais o povo é capaz, terá este queixas? Se ele próprio aspirar ao *ren* e o atingir, onde a cobiça[427]? O homem de bem não se permite qualquer negligência, quer se ocupe de uma multidão ou de um pequeno grupo, de coisas importantes ou de somenos: não é, pois, grão senhor sem grandes ares? O homem de bem, pelo rigor de sua coifa e de suas vestes, pela dignidade de seu aspecto, impressiona aos que o vêem de longe[428]: não é, pois, imponente sem ser intimidante?.
Zizhang: Que entendeis por Quatro Defeitos?
O Mestre: Punir de morte em lugar de instruir[429], isso é tirania; esperar que um trabalho seja feito sem aviso prévio: isso é opressão; ser lento no emitir ordens e pronto no exigir-lhes a execução, isso é arbitrário; dar a alguém o que lhe é devido, fazendo-o com absoluta parcimônia, isso é a mesquinhez do pequeno empregado.

3 Diz o Mestre: Quem não reconhece o Decreto Celeste não conseguirá ser homem de bem[430]. Quem não domina os ritos não logrará afirmar-se[431]. Quem não conhece o valor das palavras não logrará conhecer os homens.

427. Como Boyi e Shuqi, cf. VII, 14.
428. Cf. XIX, 9.
429. Cf. XII, 19.
430. Cf. XVI, 8.
431. Cf. VIII, 8 e XVI, 13.

Texto chinês dos

DIÁLOGOS

論語

學而

1子曰．學而時習之．不亦說乎．有朋自遠方來．不亦樂乎．人不知而不慍．不亦君子乎．2有子曰．其爲人也孝弟．而好犯上者．鮮矣．不好犯上．而好作亂者．未之有也．君子務本．本立而道生．孝弟也者．其爲仁之本與．3子曰．巧言令色．鮮矣仁．4曾子曰．吾日三省吾身．爲人謀而不忠乎．與朋友交而不信乎．傳不習乎．5子曰．道千乘之國．敬事而信．節用而愛人．使民以時．6子曰．弟子入則孝．出則悌．謹而信．汎愛衆．而親仁．行有餘力．則以學文．7子夏曰．賢賢易色．事父母．能竭其力．事君．能致其身．與朋友交．言而有信．雖曰未學．吾必謂之學矣．8子曰．君子不重．則不威．學則不固．主忠信．無友不如己者．過則勿憚改．9曾子曰．愼終追遠．民德歸厚矣．10子禽問於子貢曰．夫子至於是邦也．必聞其政．求之與．抑與之與．子貢曰．夫子溫良恭儉讓以得之．夫子之求之也．其諸異乎人之求之與．11子曰．父在觀其志．父沒觀其行．三年無改於父之道．可謂孝矣．12有子曰．禮之用．和爲貴．先王之道．斯爲美．小大由之．有所不行．知和而和．不以禮節之．亦不可行也．13有子曰．信近於義．言可復也．恭近於禮．遠恥辱也．因不失其親．亦可宗也．14子曰．君子食無求飽．居無求安．敏於事而愼於言．就有道而正焉．可謂好學也已．15子貢曰．貧而無諂．富而無驕．何如．子曰．可也．未若貧而樂．富而好禮者也．子貢曰．詩云．如切如磋．如琢如磨．其斯之謂與．子曰．賜也．始可與言詩已矣．告諸往而知來者．16子曰．不患人之不己知．患不知人也．

爲政

1子曰．爲政以德．譬如北辰．居其所．而衆星共之．2子曰．詩三百．一言以蔽之．曰思無邪．3子曰．道之以政．齊之以刑．民免而無恥．道之以德．齊之以禮．有恥且格．4子曰．吾十有五而志于學．三十而立．四十而不惑．五十而知天．

命六十而耳順七十而從心所欲不踰矩 5孟懿子問孝子曰無違樊遲御子告之曰孟孫問孝於我我對曰無
違樊遲曰何謂也子曰生事之以禮死葬之以禮祭之以禮 6孟武伯問孝子曰父母唯其疾之憂 7子游問孝
子曰今之孝者是謂能養至於犬馬皆能有養不敬何以別乎 8子夏問孝子曰色難有事弟子服其勞有酒食
先生饌曾是以爲孝乎 9子曰吾與回言終日不違如愚退而省其私亦足以發回也不愚 10子曰視其所以觀
其所由察其所安人焉廋哉人焉廋哉 11子曰溫故而知新可以爲師矣 12子曰君子不器 13子貢問君子子曰
先行其言而後從之 14子曰君子周而不比小人比而不周 15子曰學而不思則罔思而不學則殆 16子曰攻乎
異端斯害也已 17子曰由誨女知之乎知之爲知之不知爲不知是知也 18子張學干祿子曰多聞闕疑愼言其
餘則寡尤多見闕殆愼行其餘則寡悔言寡尤行寡悔祿在其中矣 19哀公問曰何爲則民服孔子對曰擧直錯
諸枉則民服擧枉錯諸直則民不服 20季康子問使民敬忠以勸如之何子曰臨之以莊則敬孝慈則忠擧善而
教不能則勸 21或謂孔子曰子奚不爲政子曰書云孝乎惟孝友于兄弟施於有政是亦爲政奚其爲爲政 22子
曰人而無信不知其可也大車無輗小車無軏其何以行之哉 23子張問十世可知也子曰殷因於夏禮所損益
可知也周因於殷禮所損益可知也其或繼周者雖百世可知也 24子曰非其鬼而祭之諂也見義不爲無勇也

八佾

1孔子謂季氏八佾舞於庭是可忍也孰不可忍也 2三家者以雍徹子曰相維辟公天子穆穆奚取於三家之堂
3子曰人而不仁如禮何人而不仁如樂何 4林放問禮之本子曰大哉問禮與其奢也寧儉喪與其易也寧戚
5子曰夷狄之有君不如諸夏之亡也 6季氏旅於泰山子謂冉有曰女弗能救與對曰不能子曰嗚呼曾謂泰
山不如林放乎 7子曰君子無所爭必也射乎揖讓而升下而飲其爭也君子 8子夏問曰巧笑倩兮美目盼兮
素以爲絢兮何謂也子曰繪事後素曰禮後乎子曰起予者商也始可與言詩已矣 9子曰夏禮吾能言之杞不

足徵也.殷禮.吾能言之.宋不足徵也.文獻不足故也.足則吾能徵之矣. [10]子曰.禘自既灌而往者.吾不欲觀之矣. [11]或問禘之說.子曰.不知也.知其說者之於天下也.其如示諸斯乎.指其掌. [12]祭如在.祭神如神在.子曰.吾不與祭.如不祭. [13]王孫賈問曰.與其媚於奧.寧媚於竈.何謂也.子曰.不然.獲罪於天.無所禱也. [14]子曰.周監於二代.郁郁乎文哉.吾從周. [15]子入太廟.每事問.或曰.孰謂鄹人之子知禮乎.入太廟.每事問.子聞之曰.是禮也. [16]子曰.射不主皮.爲力不同科.古之道也. [17]子貢欲去告朔之餼羊.子曰.賜也.爾愛其羊.我愛其禮. [18]子曰.事君盡禮.人以爲諂也. [19]定公問.君使臣.臣事君.如之何.孔子對曰.君使臣以禮.臣事君以忠. [20]子曰.關雎樂而不淫.哀而不傷. [21]哀公問社於宰我.宰我對曰.夏后氏以松.殷人以柏.周人以栗.曰使民戰栗.子聞之曰.成事不說.遂事不諫.既往不咎. [22]子曰.管仲之器小哉.或曰.管仲儉乎.曰.管氏有三歸.官事不攝.焉得儉.然則管仲知禮乎.曰.邦君樹塞門.管氏亦樹塞門.邦君爲兩君之好.有反坫.管氏亦有反坫.管氏而知禮.孰不知禮. [23]子語魯大師樂.曰.樂其可知也.始作翕如也.從之.純如也.皦如也.繹如也.以成. [24]儀封人請見.曰.君子之至於斯也.吾未嘗不得見也.從者見之.出曰.二三子何患於喪乎.天下之無道也久矣.天將以夫子爲木鐸. [25]子謂韶.盡美矣.又盡善也.謂武.盡美矣.未盡善也. [26]子曰.居上不寬.爲禮不敬.臨喪不哀.吾何以觀之哉.

里仁

[1]子曰.里仁爲美.擇不處仁.焉得知. [2]子曰.不仁者.不可以久處約.不可以長處樂.仁者安仁.知者利仁. [3]子曰.唯仁者.能好人.能惡人. [4]子曰.苟志於仁矣.無惡也. [5]子曰.富與貴.是人之所欲也.不以其道得之.不處也.貧與賤.是人之所惡也.不以其道得之.不去也.君子去仁.惡乎成名.君子無終食之間違仁.造次必於是.顚沛必於是. [6]子曰.我未見好仁者.惡不仁者.好仁者.無以尙之.惡不仁者.其爲仁矣.不使不仁者.加乎其身.有能一日用其力於仁矣乎.我未見力不足者.蓋有之矣.我未之見也. [7]子曰.人之過也.各於其黨.觀過.斯知仁矣. [8]子曰.朝聞道.

夕死可矣．子[9]曰．士志於道．而恥惡衣惡食者．未足與議也．子[10]曰．君子之於天下也，無適也．無莫也．義之與比．
子[11]曰．君子懷德．小人懷土．君子懷刑．小人懷惠．子[12]曰．放於利而行．多怨．子[13]曰．能以禮讓爲國乎．何有．不能
以禮讓爲國．如禮何．子[14]曰．不患無位．患所以立．不患莫己知．求爲可知也．子[15]曰．參乎．吾道一以貫之．曾子曰．
唯．子出．門人問曰．何謂也．曾子曰．夫子之道．忠恕而已矣．子[16]曰．君子喻於義．小人喻於利．子[17]曰．見賢思齊焉．
見不賢而內自省也．子[18]曰．事父母幾諫．見志不從．又敬不違．勞而不怨．子[19]曰．父母在．不遠遊．遊必有方．子[20]
曰．三年無改於父之道．可謂孝矣．子[21]曰．父母之年．不可不知也．一則以喜．一則以懼．子[22]曰．古者言之不出．恥
躬之不逮也．子[23]曰．以約失之者．鮮矣．子[24]曰．君子欲訥於言．而敏於行．子[25]曰．德不孤．必有鄰．子[26]游曰．事君
數．斯辱矣．朋友數．斯疏矣．

公治長

子[1]謂公冶長．可妻也．雖在縲絏之中．非其罪也．以其子妻之．子[2]謂南容．邦有道不廢．邦無道免於刑戮．以其兄
之子妻之．子[3]謂子賤．君子哉若人．魯無君子者．斯焉取斯．子[4]貢問曰．賜也何如．子曰．女器也．曰．何器也．曰．瑚
璉也．[5]或曰．雍也仁而不佞．子曰．焉用佞．禦人以口給．屢憎於人．不知其仁．焉用佞．子[6]使漆雕開仕．對曰．吾斯
之未能信．子說．子[7]曰．道不行．乘桴浮於海．從我者其由與．子路聞之喜．子曰．由也．好勇過我．無所取材．孟[8]武
伯問子路仁乎．子曰．不知也．又問．子曰．由也．千乘之國．可使治其賦也．不知其仁也．求也何如．子曰．求也．千室之
邑．百乘之家．可使爲之宰也．不知其仁也．赤也何如．子曰．赤也．束帶立於朝．可使與賓客言也．不知其仁也．子[9]
謂子貢曰．女與回也孰愈．對曰．賜也何敢望回．回也聞一以知十．賜也聞一以知二．子曰．弗如也．吾與女弗如也．
宰[10]予晝寢．子曰．朽木不可雕也．糞土之牆．不可杇也．於予與何誅．子曰．始吾於人也．聽其言而信其行．今吾於
人也．聽其言而觀其行．於予與改是．子[11]曰．吾未見剛者．或對曰．申棖．子曰．棖也慾．焉得剛．子[12]貢曰．我不欲人

之加諸我也．吾亦欲無加諸人．子曰．賜也．非爾所及也．[13]子貢曰．夫子之文章．可得而聞也．夫子之言性與天道．
不可得而聞也．[14]子路有聞．未之能行．唯恐有聞．[15]子貢問曰．孔文子何以謂之文也．子曰．敏而好學．不恥下問．
是以謂之文也．[16]子謂子產．有君子之道四焉．其行己也恭．其事上也敬．其養民也惠．其使民也義．[17]子曰．晏平
仲善與人交．久而敬之．[18]子曰．臧文仲居蔡．山節藻梲．何如其知也．[19]子張問曰．令尹子文三仕爲令尹．無喜色．
三已之．無慍色．舊令尹之政．必以告新令尹．何如．子曰．忠矣．曰．仁矣乎．曰．未知．焉得仁．崔子弒齊君．陳文子有馬
十乘．棄而違之．至於他邦．則曰．猶吾大夫崔子也．違之．之一邦．則又曰．猶吾大夫崔子也．違之．何如．子曰．清矣．曰
仁矣乎．曰．未知．焉得仁．[20]季文子三思而後行．子聞之曰．再斯可矣．[21]子曰．甯武子．邦有道則知．邦無道則愚．其
知可及也．其愚不可及也．[22]子在陳曰．歸與歸與．吾黨之小子狂簡．斐然成章．不知所以裁之．[23]子曰．伯夷叔齊．
不念舊惡．怨是用希．[24]子曰．孰謂微生高直．或乞醯焉．乞諸其鄰而與之．[25]子曰．巧言令色足恭．左丘明恥之．丘
亦恥之．匿怨而友其人．左丘明恥之．丘亦恥之．[26]顏淵季路侍．子曰．盍各言爾志．子路曰．願車馬衣輕裘與朋友
共．敝之而無憾．顏淵曰．願無伐善．無施勞．子路曰．願聞子之志．子曰．老者安之．朋友信之．少者懷之．[27]子曰．已矣
乎．吾未見能見其過而內自訟者也．[28]子曰．十室之邑．必有忠信如丘者焉．不如丘之好學也．

雍也

[1]子曰．雍也可使南面．[2]仲弓問子桑伯子．子曰．可也簡．仲弓曰．居敬而行簡．以臨其民．不亦可乎．居簡而行簡．無
乃大簡乎．子曰．雍之言然．[3]哀公問弟子孰爲好學．孔子對曰．有顏回者好學．不遷怒．不貳過．不幸短命死矣．今
也則亡．未聞好學者也．[4]子華使於齊．冉子爲其母請粟．子曰．與之釜．請益．曰．與之庾．冉子與之粟五秉．子曰．赤
之適齊也．乘肥馬．衣輕裘．吾聞之也．君子周急不繼富．[5]原思爲之宰．與之粟九百．辭．子曰．毋以與爾鄰里鄉黨
乎．[6]子謂仲弓曰．犂牛之子．騂且角．雖欲勿用．山川其舍諸．[7]子曰．回也．其心三月不違仁．其餘則日月至焉而

已矣. 8季康子問仲由可使從政也與. 子曰. 由也果. 於從政乎何有. 曰. 賜也可使從政也與. 曰. 賜也達. 於從政乎
何有. 曰. 求也可使從政也與. 曰. 求也藝. 於從政乎何有. 9季氏使閔子騫爲費宰. 閔子騫曰. 善爲我辭焉. 如有復
我者. 則吾必在汶上矣. 10伯牛有疾. 子問之. 自牖執其手. 曰. 亡之. 命矣夫. 斯人也而有斯疾也. 斯人也而有斯疾
也. 11子曰. 賢哉回也. 一簞食. 一瓢飲. 在陋巷. 人不堪其憂. 回也不改其樂. 賢哉回也. 12冉求曰. 非不說子之道. 力
不足也. 子曰. 力不足者. 中道而廢. 今女畫. 13子謂子夏曰. 女爲君子儒. 無爲小人儒. 14子游爲武城宰. 子曰. 女得
人焉耳乎. 曰. 有澹臺滅明者. 行不由徑. 非公事. 未嘗至於偃之室也. 15子曰. 孟之反不伐. 奔而殿. 將入門. 策其馬
曰. 非敢後也. 馬不進也. 16子曰. 不有祝鮀之佞. 而有宋朝之美. 難乎免於今之世矣. 17子曰. 誰能出不由戶. 何莫
由斯道也. 18子曰. 質勝文則野. 文勝質則史. 文質彬彬. 然後君子. 19子曰. 人之生也直. 罔之生也幸而免. 20子曰.
知之者. 不如好之者. 好之者. 不如樂之者. 21子曰. 中人以上. 可以語上也. 中人以下. 不可以語上也. 22樊遲問知.
子曰. 務民之義. 敬鬼神而遠之. 可謂知矣. 問仁. 曰. 仁者先難而後獲. 可謂仁矣. 23子曰. 知者樂水. 仁者樂山. 知者
動. 仁者靜. 知者樂. 仁者壽. 24子曰. 齊一變至於魯. 魯一變至於道. 25子曰. 觚不觚. 觚哉觚哉. 26宰我問曰. 仁者雖,
告之曰. 井有仁焉. 其從之也. 子曰. 何爲其然也. 君子可逝也. 不可陷也. 可欺也. 不可罔也. 27子曰. 君子博學於文.
約之以禮. 亦可以弗畔矣夫. 28子見南子. 子路不說. 夫子矢之曰. 予所否者. 天厭之. 天厭之. 29子曰. 中庸之爲德
也. 其至矣乎. 民鮮久矣. 30子貢曰. 如有博施於民. 而能濟衆. 何如. 可謂仁乎. 子曰. 何事於仁. 必也聖乎. 堯舜其猶
病諸. 夫仁者. 己欲立而立人. 己欲達而達人. 能近取譬. 可謂仁之方也已.

述而

1子曰. 述而不作. 信而好古. 竊比於我老彭. 2子曰. 默而識之. 學而不厭. 誨人不倦. 何有於我哉. 3子曰. 德之不脩.
學之不講. 聞義不能徙. 不善不能改. 是吾憂也. 4子之燕居. 申申如也. 夭夭如也. 5子曰. 甚矣吾衰也. 久矣吾不

復夢見周公。　6子曰。志於道。據於德。依於仁。遊於藝。　7子曰。自行束脩以上。吾未嘗無誨焉。　8子曰。不憤不啓。不
悱不發。舉一隅不以三隅反。則不復也。　9子食於有喪者之側。未嘗飽也。　10子於是日哭。則不歌。　11子謂顏淵曰。
用之則行。舍之則藏。唯我與爾有是夫。子路曰。子行三軍。則誰與。子曰。暴虎馮河。死而無悔者。吾不與也。必也臨
事而懼。好謀而成者也。　12子曰。富而可求也。雖執鞭之士。吾亦爲之。如不可求。從吾所好。　13子之所愼。齊。戰。疾。
14子在齊聞韶。三月不知肉味。曰。不圖爲樂之至於斯也。　15冉有曰。夫子爲衛君乎。子貢曰。諾。吾將問之。入曰。伯夷
叔齊何人也。曰。古之賢人也。曰。怨乎。曰。求仁而得仁。又何怨。出曰。夫子不爲也。　16子曰。飯疏食飮水。曲肱而枕之。
樂亦在其中矣。不義而富且貴。於我如浮雲。　17子曰。加我數年。五十以學易。可以無大過矣。　18子所雅言。詩書執
禮。皆雅言也。　19葉公問孔子於子路。子路不對。子曰。女奚不曰。其爲人也。發憤忘食。樂以忘憂。不知老之將至云
爾。　20子曰。我非生而知之者。好古敏以求之者也。　21子不語怪力亂神。　22子曰。三人行。必有我師焉。擇其善者而
從之。其不善者而改之。　23子曰。天生德於予。桓魋其如予何。　24子曰。二三子以我爲隱乎。吾無隱乎爾。吾無行而
不與二三子者。是丘也。　25子以四教。文。行。忠。信。　26子曰。聖人吾不得而見之矣。得見君子者。斯可矣。子曰。善人吾
不得而見之矣。得見有恆者。斯可矣。亡而爲有。虛而爲盈。約而爲泰。難乎有恆矣。　27子釣而不綱。弋不射宿。　28子
曰。蓋有不知而作之者。我無是也。多聞。擇其善者而從之。多見而識之。知之次也。　29互鄉難與言。童子見。門人惑。
子曰。與其進也。不與其退也。唯何甚。人絜己以進。與其絜也。不保其往也。　30子曰。仁遠乎哉。我欲仁。斯仁至矣。
31陳司敗問昭公知禮乎。孔子曰。知禮。孔子退。揖巫馬期而進之曰。吾聞君子不黨。君子亦黨乎。君取於吳爲同姓。
謂之吳孟子。君而知禮。孰不知禮。巫馬期以告。子曰。丘也幸。苟有過。人必知之。　32子與人歌而善。必使反之。而後
和之。　33子曰。文莫吾猶人也。躬行君子。則吾未之有得。　34子曰。若聖與仁。則吾豈敢。抑爲之不厭。誨人不倦。則可
謂云爾已矣。公西華曰。正唯弟子不能學也。　35子疾病。子路請禱。子曰。有諸。子路對曰。有之。誄曰。禱爾于上下神

祇。子曰。丘之禱久矣。[36] 子曰。奢則不孫。儉則固。與其不孫也寧固。[37] 子曰。君子坦蕩蕩。小人長戚戚。[38] 子溫而厲。
威而不猛。恭而安。

泰伯

[1] 子曰。泰伯其可謂至德也已矣。三以天下讓。民無得而稱焉。[2] 子曰。恭而無禮則勞。愼而無禮則葸。勇而無禮則
亂。直而無禮則絞。君子篤於親。則民興於仁。故舊不遺。則民不偸。[3] 曾子有疾。召門弟子曰。啓予足。啓予手。詩云
戰戰兢兢。如臨深淵。如履薄冰。而今而後。吾知免夫。小子。[4] 曾子有疾。孟敬子問之。曾子言曰。鳥之將死。其鳴也
哀。人之將死。其言也善。君子所貴乎道者三。動容貌。斯遠暴慢矣。正顏色。斯近信矣。出辭氣。斯遠鄙倍矣。籩豆之
事。則有司存。[5] 曾子曰。以能問於不能。以多問於寡。有若無。實若虛。犯而不校。昔者吾友嘗從事於斯矣。[6] 曾子
曰。可以託六尺之孤。可以寄百里之命。臨大節而不可奪也。君子人與。君子人也。[7] 曾子曰。士不可以不弘毅。任
重而道遠。仁以爲己任。不亦重乎。死而後已。不亦遠乎。[8] 子曰。興於詩。立於禮。成於樂。[9] 子曰。民可使由之。不可
使知之。[10] 子曰。好勇疾貧。亂也。人而不仁。疾之已甚。亂也。[11] 子曰。如有周公之才之美。使驕且吝。其餘不足觀也
已。[12] 子曰。三年學。不至於穀。不易得也。[13] 子曰。篤信好學。守死善道。危邦不入。亂邦不居。天下有道則見。無道則
隱。邦有道。貧且賤焉。恥也。邦無道。富且貴焉。恥也。[14] 子曰。不在其位。不謀其政。[15] 子曰。師摯之始。關雎之亂。洋洋
乎盈耳哉。[16] 子曰。狂而不直。侗而不愿。悾悾而不信。吾不知之矣。[17] 子曰。學如不及。猶恐失之。[18] 子曰。巍巍乎舜
禹之有天下也。而不與焉。[19] 子曰。大哉。堯之爲君也。巍巍乎。唯天爲大。唯堯則之。蕩蕩乎。民無能名焉。巍巍乎。其
有成功也。煥乎。其有文章。[20] 舜有臣五人而天下治。武王曰。予有亂臣十人。孔子曰。才難。不其然乎。唐虞之際。於
斯爲盛。有婦人焉。九人而已。三分天下有其二。以服事殷。周之德可謂至德也已矣。[21] 子曰。禹吾無間然矣。非飲
食。而致孝乎鬼神。惡衣服。而致美乎黻冕。卑宮室。而盡力乎溝洫。禹吾無間然矣。

子罕

[1]子罕言利。與命與仁。 [2]達巷黨人曰。大哉。孔子博學而無所成名。子聞之。謂門弟子曰。吾何執。執御乎。執射乎。吾
執御矣。 [3]子曰。麻冕禮也。今也純儉。吾從衆。拜下禮也。今拜乎上。泰也。雖違衆。吾從下。 [4]子絕四。毋意。毋必。毋固。
毋我。 [5]子畏於匡。曰。文王旣沒。文不在茲乎。天之將喪斯文也。後死者不得與於斯文也。天之未喪斯文也。匡人
其如予何。 [6]大宰問於子貢曰。夫子聖者與。何其多能也。子貢曰。固天縱之將聖。又多能也。子聞之曰。大宰知我
乎。吾少也賤。故多能鄙事。君子多乎哉。不多也。 [7]牢曰。子云。吾不試。故藝。 [8]子曰。吾有知乎哉。無知也。有鄙夫問
於我。空空如也。我叩其兩端而竭焉。 [9]子曰。鳳鳥不至。河不出圖。吾已矣夫。 [10]子見齊衰者。冕衣裳者。與瞽者。見
之。雖少必作。過之必趨。 [11]顏淵喟然歎曰。仰之彌高。鑽之彌堅。瞻之在前。忽焉在後。夫子循循然善誘人。博我以
文。約我以禮。欲罷不能。旣竭吾才。如有所立卓爾。雖欲從之。末由也已。 [12]子疾病。子路使門人爲臣。病間曰。久矣
哉。由之行詐也。無臣而爲有臣。吾誰欺。欺天乎。且予與其死於臣之手也。無寧死於二三子之手乎。且予縱不得
大葬。予死於道路乎。 [13]子貢曰。有美玉於斯。韞匵而藏諸。求善賈而沽諸。子曰。沽之哉。沽之哉。我待賈者也。 [14]子
欲居九夷。或曰。陋。如之何。子曰。君子居之。何陋之有。 [15]子曰。吾自衛反魯。然後樂正。雅頌各得其所。 [16]子曰。出則
事公卿。入則事父兄。喪事不敢不勉。不爲酒困。何有於我哉。 [17]子在川上曰。逝者如斯夫。不舍晝夜。 [18]子曰。吾未
見好德如好色者也。 [19]子曰。譬如爲山。未成一簣。止吾止也。譬如平地。雖覆一簣。進吾往也。 [20]子曰。語之而不惰
者。其回也與。 [21]子謂顏淵曰。惜乎。吾見其進也。未見其止也。 [22]子曰。苗而不秀者有矣夫。秀而不實者有矣夫。
[23]子曰。後生可畏。焉知來者之不如今也。四十五十而無聞焉。斯亦不足畏也已。 [24]子曰。法語之言。能無從乎。改之
爲貴。巽與之言。能無說乎。繹之爲貴。說而不繹。從而不改。吾末如之何也已矣。 [25]子曰。主忠信。毋友不如己者。過
則勿憚改。 [26]子曰。三軍可奪帥也。匹夫不可奪志也。 [27]子曰。衣敝縕袍。與衣狐貉者立。而不恥者。其由也與。不忮

不求何用不臧。子路終身誦之。子曰。是道也。何足以臧。28子曰。歲寒。然後知松柏之後彫也。29子曰。知者不惑。仁者不憂。勇者不懼。30子曰。可與共學。未可與適道。可與適道。未可與立。可與立。未可與權。唐棣之華。偏其反而。豈不爾思。室是遠而。子曰。未之思也。夫何遠之有。

鄉黨

孔子於鄉黨。恂恂如也。似不能言者。其在宗廟朝廷。便便言。唯謹爾。朝與下大夫言。侃侃如也。與上大夫言。誾誾如也。君在。踧踖如也。與與如也。君召使擯。色勃如也。足躩如也。揖所與立。左右手。衣前後。襜如也。趨進。翼如也。賓退。必復命曰。賓不顧矣。入公門。鞠躬如也。如不容。立不中門。行不履閾。過位。色勃如也。足躩如也。其言似不足者。攝齊升堂。鞠躬如也。屏氣似不息者。出降一等。逞顏色。怡怡如也。沒階趨進。翼如也。復其位。踧踖如也。執圭鞠躬如也。如不勝。上如揖。下如授。勃如戰色。足蹜蹜。如有循。享禮有容色。私覿愉愉如也。君子不以紺緅飾。紅紫不以爲褻服。當暑袗絺綌。必表而出之。緇衣羔裘。素衣麑裘。黃衣狐裘。褻裘長。短右袂。必有寢衣。長一身有半。狐貉之厚以居。去喪無所不佩。非帷裳必殺之。羔裘玄冠不以弔。吉月必朝服而朝。齊必有明衣布。齊必變食。居必遷坐。食不厭精。膾不厭細。食饐而餲。魚餒而肉敗不食。色惡不食。臭惡不食。失飪不食。不時不食。割不正不食。不得其醬不食。肉雖多。不使勝食氣。唯酒無量。不及亂。沽酒市脯不食。不撤薑食。不多食。祭於公。不宿肉。祭肉不出三日。出三日不食之矣。食不語。寢不言。雖蔬食菜羹瓜祭。必齊如也。席不正不坐。鄉人飲酒。杖者出。斯出矣。鄉人儺。朝服而立於阼階。問人於他邦。再拜而送之。康子饋藥。拜而受之。曰丘未達。不敢嘗。廏焚。子退朝曰。傷人乎。不問馬。君賜食。必正席先嘗之。君賜腥。必熟而薦之。君賜生。必畜之。侍食於君。君祭先飯。疾君視之。東首加朝服拖紳。君命召。不俟駕行矣。入太廟每事問。朋友死。無所歸。曰於我殯。朋友之饋。雖車馬。非祭肉不拜。寢不尸。居不容。見齊衰者。雖狎必變。見冕者與瞽者。雖褻必以貌。凶服者式之。式負版者。有盛饌。必變色而作。迅雷風烈必變。升車必正立．執綏．車中不內顧．不疾言．不親指．色斯舉矣．翔而後集．曰．山梁雌雉．時哉．時哉．子路共之．三嗅而作．

先進

子[1]曰．先進於禮樂．野人也．後進於禮樂．君子也．如用之．則吾從先進． 子[2]曰．從我於陳蔡者．皆不及門也． 德[3]行．
顏淵．閔子騫．冉伯牛．仲弓．言語．宰我．子貢．政事．冉有．季路．文學．子游．子夏． 子[4]曰．回也．非助我者也．於吾言無所
不說． 子[5]曰．孝哉．閔子騫．人不間於其父母昆弟之言． 南[6]容三復白圭．孔子以其兄之子妻之． 季[7]康子問弟
子孰爲好學．孔子對曰．有顏回者好學．不幸短命死矣．今也則亡． 顏[8]淵死．顏路請子之車．以爲之椁．子曰．才不
才．亦各言其子也．鯉也死．有棺而無椁．吾不徒行．以爲之椁．以吾從大夫之後．不可徒行也． 顏[9]淵死．子曰．噫．天
喪予．天喪予． 顏[10]淵死．子哭之慟．從者曰．子慟矣．曰．有慟乎．非夫人之爲慟而誰爲． 顏[11]淵死．門人欲厚葬之．子
曰．不可．門人厚葬之．子曰．回也．視予猶父也．予不得視猶子也．非我也．夫二三子也． 季[12]路問事鬼神．子曰．未能
事人．焉能事鬼．曰．敢問死．曰．未知生．焉知死． 閔[13]子侍側．誾誾如也．子路．行行如也．冉有．子貢．侃侃如也．子樂．若
由也．不得其死然． 魯[14]人爲長府．閔子騫曰．仍舊貫．如之何．何必改作．子曰．夫人不言．言必有中． 子[15]曰．由之瑟．
奚爲於丘之門．門人不敬子路．子曰．由也．升堂矣．未入於室也． 子[16]貢問．師與商也．孰賢．子曰．師也過．商也不及．
曰．然則師愈與．子曰．過猶不及． 季[17]氏富於周公．而求也爲之聚斂而附益之．子曰．非吾徒也．小子鳴鼓而攻之．
可也． 柴[18]也愚．參也魯．師也辟．由也喭．子曰．回也．其庶乎．屢空．賜不受命．而貨殖焉．億則屢中． 子[19]張問善人之
道．子曰．不踐迹．亦不入於室．子曰．論篤是與．君子者乎．色莊者乎． 子[20]路問．聞斯行諸．子曰．有父兄在．如之何其
聞斯行之．冉有問．聞斯行諸．子曰．聞斯行之．公西華曰．由也問．聞斯行諸．子曰．有父兄在．求也問．聞斯行諸．子曰．
聞斯行之．赤也惑．敢問．子曰．求也退．故進之．由也兼人．故退之． 子[21]畏於匡．顏淵後．子曰．吾以女爲死矣．曰．子在．
回何敢死． 季[22]子然問．仲由冉求．可謂大臣與．子曰．吾以子爲異之問．曾由與求之問．所謂大臣者．以道事君．不

可則止。今由與求也。可謂具臣矣。曰。然則從之者與。子曰。弒父與君。亦不從也。
23 子路使子羔為費宰。子曰。賊夫人之子。子路曰。有民人焉。有社稷焉。何必讀書。然後為學。子曰。是故惡夫佞者。
24 子路曾晳冉有公西華侍坐。子曰。以吾一日長乎爾。毋吾以也。居則曰。不吾知也。如或知爾。則何以哉。子路率爾而對曰。千乘之國。攝乎大國之間。加之以師旅。因之以饑饉。由也為之。比及三年。可使有勇。且知方也。夫子哂之。求爾何如。對曰。方六七十。如五六十。求也為之。比及三年。可使足民。如其禮樂。以俟君子。赤爾何如。對曰。非曰能之。願學焉。宗廟之事。如會同。端章甫。願為小相焉。點爾何如。鼓瑟希。鏗爾。舍瑟而作。對曰。異乎三子者之撰。子曰。何傷乎。亦各言其志也。曰。莫春者。春服既成。冠者五六人。童子六七人。浴乎沂。風乎舞雩。詠而歸。夫子喟然歎曰。吾與點也。三子者出。曾晳後。曾晳曰。夫三子者之言何如。子曰。亦各言其志也已矣。曰。夫子何哂由也。曰。為國以禮。其言不讓。是故哂之。唯求則非邦也與。安見方六七十如五六十而非邦也者。唯赤則非邦也與。宗廟會同。非諸侯而何。赤也為之小。孰能為之大。

顏淵

1 顏淵問仁。子曰。克己復禮為仁。一日克己復禮。天下歸仁焉。為仁由己。而由人乎哉。顏淵曰。請問其目。子曰。非禮勿視。非禮勿聽。非禮勿言。非禮勿動。顏淵曰。回雖不敏。請事斯語矣。
2 仲弓問仁。子曰。出門如見大賓。使民如承大祭。己所不欲。勿施於人。在邦無怨。在家無怨。仲弓曰。雍雖不敏。請事斯語矣。
3 司馬牛問仁。子曰。仁者其言也訒。曰。其言也訒。斯謂之仁已乎。子曰。為之難。言之得無訒乎。
4 司馬牛問君子。子曰。君子不憂不懼。曰。不憂不懼。斯謂之君子已乎。子曰。內省不疚。夫何憂何懼。
5 司馬牛憂曰。人皆有兄弟。我獨亡。子夏曰。商聞之矣。死生有命。富貴在天。君子敬而無失。與人恭而有禮。四海之內。皆兄弟也。君子何患乎無兄弟也。
6 子張問明。子曰。浸潤之譖。膚受之愬。不行焉。可謂明也已矣。浸潤之譖。膚受之愬。不行焉。可謂遠也已矣。
7 子貢問政。子曰。足食。足兵。民

信之矣。子貢曰。必不得已而去。於斯三者何先。曰。去兵。子貢曰。必不得已而去。於斯二者何先。曰。去食。自古皆有死。民無信不立。

8 棘子成曰。君子質而已矣。何以文爲。子貢曰。惜乎夫子之說君子也。駟不及舌。文猶質也。質猶文也。虎豹之鞟。猶犬羊之鞟。

9 哀公問於有若曰。年饑用不足。如之何。有若對曰。盍徹乎。曰。二吾猶不足。如之何其徹也。對曰。百姓足。君孰與不足。百姓不足。君孰與足。

10 子張問崇德辨惑。子曰。主忠信。徙義。崇德也。愛之欲其生。惡之欲其死。既欲其生。又欲其死。是惑也。誠不以富。亦祇以異。

11 齊景公問政於孔子。孔子對曰。君君。臣臣。父父。子子。公曰。善哉。信如君不君。臣不臣。父不父。子不子。雖有粟。吾得而食諸。

12 子曰。片言可以折獄者。其由也與。子路無宿諾。

13 子曰。聽訟吾猶人也。必也使無訟乎。

14 子張問政。子曰。居之無倦。行之以忠。

15 子曰。博學於文。約之以禮。亦可以弗畔矣夫。

16 子曰。君子成人之美。不成人之惡。小人反是。

17 季康子問政於孔子。孔子對曰。政者正也。子帥以正。孰敢不正。

18 季康子患盜。問於孔子。孔子對曰。苟子之不欲。雖賞之不竊。

19 季康子問政於孔子。曰。如殺無道。以就有道。何如。孔子對曰。子爲政。焉用殺。子欲善而民善矣。君子之德風。小人之德草。草上之風必偃。

20 子張問士何如斯可謂之達矣。子曰。何哉。爾所謂達者。子張對曰。在邦必聞。在家必聞。子曰。是聞也。非達也。夫達也者。質直而好義。察言而觀色。慮以下人。在邦必達。在家必達。夫聞也者。色取仁而行違。居之不疑。在邦必聞。在家必聞。

21 樊遲從遊於舞雩之下。曰。敢問崇德脩慝辨惑。子曰。善哉問。先事後得。非崇德與。攻其惡。無攻人之惡。非脩慝與。一朝之忿。忘其身以及其親。非惑與。

22 樊遲問仁。子曰。愛人。問知。子曰。知人。樊遲未達。子曰。舉直錯諸枉。能使枉者直。樊遲退。見子夏曰。鄉也吾見於夫子而問知。子曰。舉直錯諸枉。能使枉者直。何謂也。子夏曰。富哉言乎。舜有天下。選於衆。舉皐陶。不仁者遠矣。湯有天下。選於衆。舉伊尹。不仁者遠矣。

23 子貢問友。子曰。忠告而善道之。不可則止。毋自辱焉。

24 曾子曰。君子以文會友。以友輔仁。

子路

1子路問政。子曰。先之。勞之。請益。曰無倦。2仲弓爲季氏宰。問政。子曰。先有司。赦小過。擧賢才。曰焉知賢才而擧之。
曰。擧爾所知。爾所不知。人其舍諸。3子路曰。衛君待子而爲政。子將奚先。子曰。必也正名乎。子路曰。有是哉。子之
迂也。奚其正。子曰。野哉由也。君子於其所不知。蓋闕如也。名不正。則言不順。言不順。則事不成。事不成。則禮樂不
興。禮樂不興。則刑罰不中。刑罰不中。則民無所錯手足。故君子名之必可言也。言之必可行也。君子於其言。無所
苟而已矣。4樊遲請學稼。子曰。吾不如老農。請學爲圃。曰吾不如老圃。樊遲出。子曰。小人哉樊須也。上好禮。則民
莫敢不敬。上好義。則民莫敢不服。上好信。則民莫敢不用情。夫如是。則四方之民。襁負其子而至矣。焉用稼。5子
曰。誦詩三百。授之以政。不達。使於四方。不能專對。雖多。亦奚以爲。6子曰。其身正。不令而行。其身不正。雖令不從。
7子曰。魯衛之政。兄弟也。8子謂衛公子荊。善居室。始有。曰苟合矣。少有。曰苟完矣。富有。曰苟美矣。9子適衛。冉
有僕。子曰。庶矣哉。冉有曰。既庶矣。又何加焉。曰富之。曰既富矣。又何加焉。曰教之。10子曰。苟有用我者。期月而已
可也。三年有成。11子曰。善人爲邦百年。亦可以勝殘去殺矣。誠哉是言也。12子曰。如有王者。必世而後仁。13子曰。
苟正其身矣。於從政乎何有。不能正其身。如正人何。14冉子退朝。子曰。何晏也。對曰。有政。子曰。其事也。如有政。雖
不吾以。吾其與聞之。15定公問。一言而可以興邦。有諸。孔子對曰。言不可以若是其幾也。人之言曰。爲君難。爲臣
不易。如知爲君之難也。不幾乎一言而興邦乎。曰一言而喪邦。有諸。孔子對曰。言不可以若是其幾也。人之言曰。
予無樂乎爲君。唯其言而莫予違也。如其善而莫之違也。不亦善乎。如不善而莫之違也。不幾乎一言而喪邦乎。
16葉公問政。子曰。近者說。遠者來。17子夏爲莒父宰。問政。子曰。無欲速。無見小利。欲速則不達。見小利。則大事不
成。18葉公語孔子曰。吾黨有直躬者。其父攘羊。而子證之。孔子曰。吾黨之直者異於是。父爲子隱。子爲父隱。直在
其中矣。19樊遲問仁。子曰。居處恭。執事敬。與人忠。雖之夷狄。不可棄也。20子貢問曰。何如斯可謂之士矣。子曰。行
己有恥。使於四方。不辱君命。可謂士矣。曰敢問其次。曰宗族稱孝焉。鄉黨稱弟焉。曰敢問其次。曰言必信。行必果。

硜硜然.小人哉.抑亦可以爲次矣.曰.今之從政者何如.子曰.噫.斗筲之人.何足算也. [21]子曰.不得中行而與之.必
也狂狷乎.狂者進取.狷者有所不爲也. [22]子曰.南人有言曰.人而無恆.不可以作巫醫.善夫.不恆其德.或承之羞.
子曰.不占而已矣. [23]子曰.君子和而不同.小人同而不和. [24]子貢問曰.鄕人皆好之.何如.子曰.未可也.鄕人皆惡
之.何如.子曰.未可也.不如鄕人之善者好之.其不善者惡之. [25]子曰.君子易事而難說也.說之不以道.不說也.及
其使人也.器之.小人難事而易說也.說之雖不以道.說也.及其使人也.求備焉. [26]子曰.君子泰而不驕.小人驕而
不泰. [27]子曰.剛毅木訥近仁. [28]子路問曰.何如斯可謂之士矣.子曰.切切偲偲.怡怡如也.可謂士矣.朋友切切偲
偲.兄弟怡怡. [29]子曰.善人敎民七年.亦可以卽戎矣. [30]子曰.以不敎民戰.是謂棄之.

憲問

[1]憲問恥.子曰.邦有道穀.邦無道穀.恥也.克伐怨欲不行焉.可以爲仁矣.子曰.可以爲難矣.仁則吾不知也. [2]子曰.
士而懷居.不足以爲士矣. [3]子曰.邦有道.危言危行.邦無道.危行言孫. [4]子曰.有德者必有言.有言者不必有德.
仁者必有勇.勇者不必有仁. [5]南宮适問於孔子曰.羿善射.奡盪舟.俱不得其死然.禹稷躬稼而有天下.夫子不
答.南宮适出.子曰.君子哉若人.尙德哉若人. [6]子曰.君子而不仁者有矣夫.未有小人而仁者也. [7]子曰.愛之.能
勿勞乎.忠焉.能勿誨乎. [8]子曰.爲命.裨諶草創之.世叔討論之.行人子羽脩飾之.東里子產潤色之. [9]或問子產.
子曰.惠人也.問子西.曰.彼哉彼哉.問管仲.曰.人也.奪伯氏駢邑三百.飯疏食.沒齒無怨言. [10]子曰.貧而無怨難.富
而無驕易. [11]子曰.孟公綽爲趙魏老則優.不可以爲滕薛大夫. [12]子路問成人.子曰.若臧武仲之知.公綽之不欲.
卞莊子之勇.冉求之藝.文之以禮樂.亦可以爲成人矣.曰.今之成人者何必然.見利思義.見危授命.久要不忘平
生之言.亦可以爲成人矣. [13]子問公叔文子於公明賈曰.信乎.夫子不言不笑不取乎.公明賈對曰.以告者過也.
夫子時然後言.人不厭其言.樂然後笑.人不厭其笑.義然後取.人不厭其取.子曰.其然.豈其然乎. [14]子曰.臧武仲

以防求爲後於魯．雖曰不要君．吾不信也． 15 子曰．晉文公譎而不正．齊桓公正而不譎． 16 子路曰．桓公殺公子糾．
召忽死之．管仲不死．曰未仁乎．子曰．桓公九合諸侯．不以兵車．管仲之力也．如其仁．如其仁． 17 子貢曰．管仲非仁
者與．桓公殺公子糾．不能死．又相之．子曰．管仲相桓公．霸諸侯．一匡天下．民到于今受其賜．微管仲．吾其被髮左
衽矣．豈若匹夫匹婦之爲諒也．自經於溝瀆．而莫之知也． 18 公叔文子之臣大夫僎．與文子同升諸公．子聞之曰．
可以爲文矣． 19 子言衞靈公之無道也．康子曰．夫如是．奚而不喪．孔子曰．仲叔圉治賓客．祝鮀治宗廟．王孫賈治
軍旅．夫如是．奚其喪． 20 子曰．其言之不怍．則爲之也難． 21 陳成子弒簡公．孔子沐浴而朝．告於哀公曰．陳恆弒其
君．請討之．公曰．告夫三子．孔子曰．以吾從大夫之後．不敢不告也．君曰．告夫三子者．之三子告．不可．孔子曰．以吾
從大夫之後．不敢不告也． 22 子路問事君．子曰．勿欺也．而犯之． 23 子曰．君子上達．小人下達． 24 子曰．古之學者爲
己．今之學者爲人． 25 蘧伯玉使人於孔子．孔子與之坐而問焉．曰．夫子何爲．對曰．夫子欲寡其過．而未能也．使者
出．子曰．使乎．使乎． 26 子曰．不在其位．不謀其政．曾子曰．君子思不出其位． 27 子曰．君子恥其言而過其行． 28 子曰．
君子道者三．我無能焉．仁者不憂．知者不惑．勇者不懼．子貢曰．夫子自道也． 29 子貢方人．子曰．賜也賢乎哉．夫我
則不暇． 30 子曰．不患人之不己知．患其不能也． 31 子曰．不逆詐．不億不信．抑亦先覺者．是賢乎． 32 微生畝謂孔子
曰．丘何爲是栖栖者與．無乃爲佞乎．孔子曰．非敢爲佞也．疾固也． 33 子曰．驥不稱其力．稱其德也． 34 或曰．以德報
怨．何如．子曰．何以報德．以直報怨．以德報德． 35 子曰．莫我知也夫．子貢曰．何爲其莫知子也．子曰．不怨天．不尤人．
下學而上達．知我者其天乎． 36 公伯寮愬子路於季孫．子服景伯以告曰．夫子固有惑志於公伯寮．吾力猶能肆
諸市朝．子曰．道之將行也與．命也．道之將廢也與．命也．公伯寮其如命何． 37 子曰．賢者辟世．其次辟地．其次辟色．
其次辟言．子曰．作者七人矣． 38 子路宿於石門．晨門曰．奚自．子路曰．自孔氏．曰．是知其不可而爲之者與． 39 子擊
磬於衞．有荷蕢而過孔氏之門者．曰．有心哉．擊磬乎．既而曰．鄙哉．硜硜乎．莫己知也．斯已而已矣．深則厲．淺則揭．

子曰.果哉.末之難矣. [40]子張曰.書云.高宗諒陰.三年不言.何謂也.子曰.何必高宗.古之人皆然.君薨.百官總已以
聽於冢宰三年. [41]子曰.上好禮.則民易使也. [42]子路問君子.子曰.脩己以敬.曰.如斯而已乎.曰.脩己以安人.曰.如
斯而已乎.曰.脩己以安百姓.脩己以安百姓.堯舜其猶病諸. [43]原壤夷俟.子曰.幼而不孫弟.長而無述焉.老而不
死.是爲賊.以杖叩其脛. [44]闕黨童子將命.或問之曰.益者與.子曰.吾見其居於位也.見其與先生並行也.非求益
者也.欲速成者也.

衛靈公

[1]衛靈公問陳於孔子.孔子對曰.俎豆之事.則嘗聞之矣.軍旅之事.未之學也.明日遂行. [2]在陳絕糧.從者病.莫能
興.子路慍見曰.君子亦有窮乎.子曰.君子固窮.小人窮斯濫矣。 [3]子曰.賜也.女以予爲多學而識之者與.對曰.然.
非與.曰.非也.予一以貫之. [4]子曰.由.知德者鮮矣. [5]子曰.無爲而治者.其舜也與.夫何爲哉.恭己正南面而已矣.
[6]子張問行.子曰.言忠信.行篤敬.雖蠻貊之邦.行矣.言不忠信.行不篤敬.雖州里.行乎哉.立則見其參於前也.在
輿.則見其倚於衡也.夫然後行.子張書諸紳. [7]子曰.直哉史魚.邦有道如矢.邦無道如矢.君子哉蘧伯玉.邦有道
則仕.邦無道.則可卷而懷之. [8]子曰.可與言而不與言.失人.不可與言而與之言.失言.知者不失人.亦不失言.
[9]子曰.志士仁人.無求生以害仁.有殺身以成仁. [10]子貢問爲仁。子曰.工欲善其事.必先利其器.居是邦也.事其大
夫之賢者.友其士之仁者. [11]顏淵問爲邦.子曰.行夏之時.乘殷之輅.服周之冕.樂則韶舞.放鄭聲.遠佞人.鄭聲淫.
佞人殆. [12]子曰.人無遠慮.必有近憂. [13]子曰.已矣乎.吾未見好德如好色者也. [14]子曰.臧文仲其竊位者與.知柳
下惠之賢.而不與立也. [15]子曰.躬自厚而薄責於人.則遠怨矣. [16]子曰.不曰如之何.如之何者.吾末如之何也已
矣. [17]子曰.羣居終日.言不及義.好行小慧.難矣哉. [18]子曰.君子義以爲質.禮以行之.孫以出之.信以成之.君子哉.
[19]子曰.君子病無能焉.不病人之不己知也. [20]子曰.君子疾沒世而名不稱焉. [21]子曰.君子求諸己.小人求諸人.

22子曰.君子矜而不爭.羣而不黨. 23子曰.君子不以言舉人.不以人廢言. 24子貢問曰.有一言而可以終身行之
者乎.子曰.其恕乎.己所不欲.勿施於人. 25子曰.吾之於人也.誰毀誰譽.如有所譽者.其有所試矣.斯民也.三代之
所以直道而行也. 26子曰.吾猶及史之闕文也.有馬者.借人乘之.今亡矣夫. 27子曰.巧言亂德.小不忍.則亂大謀.
28子曰.衆惡之.必察焉.衆好之.必察焉. 29子曰.人能弘道.非道弘人. 30子曰.過而不改.是謂過矣. 31子曰.吾嘗終
日不食.終夜不寢.以思.無益.不如學也. 32子曰.君子謀道不謀食.耕也.餒在其中矣.學也.祿在其中矣.君子憂道
不憂貧. 33子曰.知及之.仁不能守之.雖得之.必失之.知及之.仁能守之.不莊以涖之.則民不敬.知及之.仁能守之.
莊以涖之.動之不以禮.未善也. 34子曰.君子不可小知.而可大受也.小人不可大受.而可小知也. 35子曰.民之於
仁也.甚於水火.水火.吾見蹈而死者矣.未見蹈仁而死者也. 36子曰.當仁不讓於師. 37子曰.君子貞而不諒. 38子
曰.事君.敬其事而後其食. 39子曰.有教無類. 40子曰.道不同.不相爲謀. 41子曰.辭達而已矣. 42師冕見.及階.子曰.
階也.及席.子曰.席也.皆坐.子告之曰.某在斯.某在斯.師冕出.子張問曰.與師言之道與.子曰.然.固相師之道也.

季氏

1季氏將伐顓臾.冉有季路見於孔子曰.季氏將有事於顓臾.孔子曰.求.無乃爾是過與.夫顓臾.昔者先王以爲東
蒙主.且在邦域之中矣.是社稷之臣也.何以伐爲.冉有曰.夫子欲之.吾二臣者.皆不欲也.孔子曰.求.周任有言曰.
陳力就列.不能者止.危而不持.顚而不扶.則將焉用彼相矣.且爾言過矣.虎兕出於柙.龜玉毀於櫝中.是誰之過
與.冉有曰.今夫顓臾.固而近於費.今不取.後世必爲子孫憂.孔子曰.求.君子疾夫舍曰欲之.而必爲之辭.丘也聞
有國有家者.不患寡而患不均.不患貧而患不安.蓋均無貧.和無寡.安無傾.夫如是.故遠人不服.則脩文德以來
之.旣來之.則安之.今由與求也.相夫子.遠人不服.而不能來也.邦分崩離析.而不能守也.而謀動干戈於邦內.吾
恐季孫之憂.不在顓臾.而在蕭牆之內也. 2孔子曰.天下有道.則禮樂征伐.自天子出.天下無道.則禮樂征伐.自

諸侯出．自諸侯出．蓋十世希不失矣．自大夫出．五世希不失矣．陪臣執國命．三世希不失矣．天下有道．則政不在
大夫．天下有道．則庶人不議． 3 孔子曰．祿之去公室五世矣．政逮於大夫四世矣．故夫三桓之子孫微矣． 4 孔子
曰．益者三友．損者三友．友直．友諒．友多聞．益矣．友便辟．友善柔．友便佞．損矣． 5 孔子曰．益者三樂．損者三樂．樂節
禮樂．樂道人之善．樂多賢友．益矣．樂驕樂．樂佚遊．樂宴樂．損矣． 6 孔子曰．侍於君子有三愆．言未及之而言．謂之
躁．言及之而不言．謂之隱．未見顏色而言．謂之瞽． 7 孔子曰．君子有三戒．少之時．血氣未定．戒之在色．及其壯也．
血氣方剛．戒之在鬬．及其老也．血氣既衰．戒之在得． 8 孔子曰．君子有三畏．畏天命．畏大人．畏聖人之言．小人不
知天命而不畏也．狎大人．侮聖人之言． 9 孔子曰．生而知之者．上也．學而知之者．次也．困而學之．又其次也．困而
不學．民斯為下矣． 10 孔子曰．君子有九思．視思明．聽思聰．色思溫．貌思恭．言思忠．事思敬．疑思問．忿思難．見得思
義． 11 孔子曰．見善如不及．見不善如探湯．吾見其人矣．吾聞其語矣．隱居以求其志．行義以達其道．吾聞其語矣．
未見其人也． 12 齊景公有馬千駟．死之日．民無德而稱焉．伯夷叔齊．餓于首陽之下．民到于今稱之．其斯之謂與．
13 陳亢問於伯魚曰．子亦有異聞乎．對曰．未也．嘗獨立．鯉趨而過庭．曰．學詩乎．對曰．未也．不學詩．無以言．鯉退而
學詩．他日．又獨立．鯉趨而過庭．曰．學禮乎．對曰．未也．不學禮．無以立．鯉退而學禮．聞斯二者．陳亢退而喜曰．問一
得三．聞詩．聞禮．又聞君子之遠其子也． 14 邦君之妻．君稱之曰夫人．夫人自稱曰小童．邦人稱之曰君夫人．稱諸
異邦曰寡小君．異邦人稱之．亦曰君夫人．

陽貨

1 陽貨欲見孔子．孔子不見．歸孔子豚．孔子時其亡也．而往拜之．遇諸塗．謂孔子曰．來．予與爾言．曰．懷其寶而迷其
邦．可謂仁乎．曰．不可．好從事而亟失時．可謂知乎．曰．不可．日月逝矣．歲不我與．孔子曰．諾．吾將仕矣． 2 子曰．性相
近也．習相遠也．子曰．唯上知與下愚不移． 3 子之武城．聞弦歌之聲．夫子莞爾而笑曰．割雞焉用牛刀．子游對曰．

昔者偃也．聞諸夫子曰．君子學道則愛人．小人學道則易使也．子曰．二三子．偃之言是也．前言戲之耳． 4 公山弗
擾以費畔．召．子欲往．子路不說曰．末之也已．何必公山氏之之也．子曰．夫召我者．而豈徒哉．如有用我者．吾其爲
東周乎． 5 子張問仁於孔子．孔子曰．能行五者於天下．爲仁矣．請問之．曰．恭寬信敏惠．恭則不侮．寬則得衆．信則
人任焉．敏則有功．惠則足以使人． 6 佛肸召．子欲往．子路曰．昔者由也聞諸夫子曰．親於其身爲不善者．君子不
入也．佛肸以中牟畔．子之往也．如之何．子曰．然．有是言也．不曰堅乎．磨而不磷．不曰白乎．涅而不緇．吾豈匏瓜也
哉．焉能繫而不食． 7 子曰．由也．女聞六言六蔽矣乎．對曰．未也．居．吾語女．好仁不好學．其蔽也愚．好知不好學．其
蔽也蕩．好信不好學．其蔽也賊．好直不好學．其蔽也絞．好勇不好學．其蔽也亂．好剛不好學．其蔽也狂． 8 子曰．小
子何莫學夫詩．詩可以興．可以觀．可以羣．可以怨．邇之事父．遠之事君．多識於鳥獸草木之名．子謂伯魚曰．女爲
周南召南矣乎．人而不爲周南召南．其猶正牆面而立也與． 9 子曰．禮云禮云．玉帛云乎哉．樂云樂云．鍾鼓云乎
哉． 10 子曰．色厲而內荏．譬諸小人．其猶穿窬之盜也與． 11 子曰．鄉原．德之賊也． 12 子曰．道聽而塗說．德之棄也．
13 子曰．鄙夫可與事君也與哉．其未得之也．患得之．既得之．患失之．苟患失之．無所不至矣． 14 子曰．古者民有三疾．
今也或是之亡也．古之狂也肆．今之狂也蕩．古之矜也廉．今之矜也忿戾．古之愚也直．今之愚也詐而已矣． 15 子
曰．巧言令色．鮮矣仁． 16 子曰．惡紫之奪朱也．惡鄭聲之亂雅樂也．惡利口之覆邦家者． 17 子曰．予欲無言．子貢曰．
子如不言．則小子何述焉．子曰．天何言哉．四時行焉．百物生焉．天何言哉． 18 孺悲欲見孔子．孔子辭以疾．將命者
出戶．取瑟而歌．使之聞之． 19 宰我問．三年之喪．期已久矣．君子三年不爲禮．禮必壞．三年不爲樂．樂必崩．舊穀既
沒．新穀既升．鑽燧改火．期可已矣．子曰．食夫稻．衣夫錦．於女安乎．曰．安．女安則爲之．夫君子之居喪．食旨不甘．聞
樂不樂．居處不安．故不爲也．今女安則爲之．宰我出．子曰．予之不仁也．子生三年．然後免於父母之懷．夫三年之
喪．天下之通喪也．予也有三年之愛於其父母乎． 20 子曰．飽食終日．無所用心．難矣哉．不有博奕者乎．爲之猶賢

乎已。21子路曰。君子尙勇乎。子曰。君子義以爲上。君子有勇而無義爲亂。小人有勇而無義爲盜。22子貢曰。君子
亦有惡乎。子曰。有惡。惡稱人之惡者。惡居下流而訕上者。惡勇而無禮者。惡果敢而窒者。曰。賜也亦有惡乎。惡徼
以爲知者。惡不孫以爲勇者。惡訐以爲直者。23子曰。唯女子與小人爲難養也。近之則不孫。遠之則怨。24子曰。年
四十而見惡焉。其終也已。

微子

1微子去之。箕子爲之奴。比干諫而死。孔子曰。殷有三仁焉。2柳下惠爲士師。三黜。人曰。子未可以去乎。曰。直道而
事人。焉往而不三黜。枉道而事人。何必去父母之邦。3齊景公待孔子曰。若季氏則吾不能。以季孟之間待之。曰。
吾老矣。不能用也。孔子行。4齊人歸女樂。季桓子受之。三日不朝。孔子行。5楚狂接輿歌而過孔子曰。鳳兮鳳兮。
何德之衰。往者不可諫。來者猶可追。已而已而。今之從政者殆而。孔子下。欲與之言。趨而辟之。不得與之言。6長
沮桀溺耦而耕。孔子過之。使子路問津焉。長沮曰。夫執輿者爲誰。子路曰。爲孔丘。曰。是魯孔丘與。曰。是也。曰。是知
津矣。問於桀溺。桀溺曰。子爲誰。曰。爲仲由。曰。是魯孔丘之徒與。對曰。然。曰。滔滔者天下皆是也。而誰以易之。且而
與其從辟人之士也。豈若從辟世之士哉。耰而不輟。子路行以告。夫子憮然曰。鳥獸不可與同羣。吾非斯人之徒
與而誰與。天下有道。丘不與易也。7子路從而後。遇丈人以杖荷蓧。子路問曰。子見夫子乎。丈人曰。四體不勤。五
穀不分。孰爲夫子。植其杖而芸。子路拱而立。止子路宿。殺雞爲黍而食之。見其二子焉。明日子路行以告。子曰。隱
者也。使子路反見之。至則行矣。子路曰。不仕無義。長幼之節。不可廢也。君臣之義。如之何其廢之。欲絜其身而亂
大倫。君子之仕也。行其義也。道之不行。已知之矣。8逸民伯夷叔齊虞仲夷逸朱張柳下惠少連。子曰。不降其志
不辱其身。伯夷叔齊與。謂柳下惠少連。降志辱身矣。言中倫。行中慮。其斯而已矣。謂虞仲夷逸。隱居放言。身中淸。
廢中權。我則異於是。無可無不可。9大師摯適齊。亞飯干適楚。三飯繚適蔡。四飯缺適秦。鼓方叔入於河。播鼗武

人於漢少師陽擊磬襄入於海 10 周公謂魯公曰君子不施其親不使大臣怨乎不以故舊無大故則不棄也無
求備於一人 11 周有八士伯達伯适仲突仲忽叔夜叔夏季隨季騧

子張

1 子張曰士見危致命見得思義祭思敬喪思哀其可已矣 2 子張曰執德不弘信道不篤焉能爲有焉能爲亡
3 子夏之門人問交於子張子張曰子夏云何對曰子夏曰可者與之其不可者拒之子張曰異乎吾所聞君子尊
賢而容衆嘉善而矜不能我之大賢與於人何所不容我之不賢與人將拒我如之何其拒人也 4 子夏曰雖小
道必有可觀者焉致遠恐泥是以君子不爲也 5 子夏曰日知其所亡月無忘其所能可謂好學也已矣 6 子夏
曰博學而篤志切問而近思仁在其中矣 7 子夏曰百工居肆以成其事君子學以致其道 8 子夏曰小人之過
也必文 9 子夏曰君子有三變望之儼然即之也溫聽其言也厲 10 子夏曰君子信而後勞其民未信則以爲厲
己也信而後諫未信則以爲謗己也 11 子夏曰大德不踰閑小德出入可也 12 子游曰子夏之門人小子當洒埽
應對進退則可矣抑末也本之則無如之何子夏聞之曰噫言游過矣君子之道孰先傳焉孰後倦焉譬諸草木
區以別矣君子之道焉可誣也有始有卒者其唯聖人乎 13 子夏曰仕而優則學學而優則仕 14 子游曰喪致乎
哀而止 15 子游曰吾友張也爲難能也然而未仁 16 曾子曰堂堂乎張也難與並爲仁矣 17 曾子曰吾聞諸夫子
人未有自致者也必也親喪乎 18 曾子曰吾聞諸夫子孟莊子之孝也其他可能也其不改父之臣與父之政是
難能也 19 孟氏使陽膚爲士師問於曾子曾子曰上失其道民散久矣如得其情則哀矜而勿喜 20 子貢曰紂之
不善不如是之甚也是以君子惡居下流天下之惡皆歸焉 21 子貢曰君子之過也如日月之食焉過也人皆見
之更也人皆仰之 22 衛公孫朝問於子貢曰仲尼焉學子貢曰文武之道未墜於地在人賢者識其大者不賢者
識其小者莫不有文武之道焉夫子焉不學而亦何常師之有 23 叔孫武叔語大夫於朝曰子貢賢於仲尼子服

景伯以告子貢。子貢曰。譬之宮牆。賜之牆也及肩。闚見室家之好。夫子之牆數仞。不得其門而入。不見宗廟之美。
百官之富。得其門者或寡矣。夫子之云。不亦宜乎。 24 叔孫武叔毀仲尼。子貢曰。無以爲也。仲尼不可毀也。他人之
賢者丘陵也。猶可踰也。仲尼日月也。無得而踰焉。人雖欲自絕。其何傷於日月乎。多見其不知量也。 25 陳子禽謂
子貢曰。子爲恭也。仲尼豈賢於子乎。子貢曰。君子一言以爲知。一言以爲不知。言不可不愼也。夫子之不可及也。
猶天之不可階而升也。夫子之得邦家者。所謂立之斯立。道之斯行。綏之斯來。動之斯和。其生也榮。其死也哀。如
之何其可及也。

堯曰

1 堯曰。咨爾舜。天之曆數在爾躬。允執其中。四海困窮。天祿永終。舜亦以命禹。曰。予小子履。敢用玄牡。敢昭告于皇
皇后帝。有罪不敢赦。帝臣不蔽。簡在帝心。朕躬有罪。無以萬方。萬方有罪。罪在朕躬。周有大賚。善人是富。雖有周
親。不如仁人。百姓有過。在予一人。謹權量。審法度。脩廢官。四方之政行焉。興滅國。繼絕世。擧逸民。天下之民歸心
焉。所重民食喪祭。寬則得衆。信則民任焉。敏則有功。公則說。 2 子張問於孔子曰。何如斯可以從政矣。子曰。尊五
美。屛四惡。斯可以從政矣。子張曰。何謂五美。子曰。君子惠而不費。勞而不怨。欲而不貪。泰而不驕。威而不猛。子張
曰。何謂惠而不費。子曰。因民之所利而利之。斯不亦惠而不費乎。擇可勞而勞之。又誰怨。欲仁而得仁。又焉貪。君
子無衆寡。無小大。無敢慢。斯不亦泰而不驕乎。君子正其衣冠。尊其瞻視。儼然人望而畏之。斯不亦威而不猛乎。
子張曰。何謂四惡。子曰。不教而殺謂之虐。不戒視成謂之暴。慢令致期謂之賊。猶之與人也。出納之吝。謂之有司。
3 孔子曰。不知命。無以爲君子也。不知禮。無以立也。不知言。無以知人也。

論語終